Und Maria trat aus ihren Bildern

Und Maria trat aus ihren Bildern

Literarische Texte

Herausgegeben und erläutert
von
Karl-Josef Kuschel

Herder

Freiburg · Basel · Wien

Reihe *frauenforum*
herausgegeben von Karin Walter

Umschlagbild: Albert Gleizes: Maria in der Glorie, 1931–32.

Herstellung: Freiburger Graphische Betriebe 1990
ISBN 3-451-21815-1

FÜR JUDITH

Inhalt

Die ästhetische Verwandlung

Die politische Herausforderung

Magna Mater: mythisch-psychologische Tiefenstrukturen

Ohnmacht und Macht zugleich

Leitwort

Und Maria sprach:
Groß rühmt mein Leben den Herrn,
und mein Geist jubelt ob Gott, meinem Retter,
weil er die Niedrigkeit seiner Magd angeblickt.
Denn da! Von nun an preisen alle Geschlechter mich selig,
weil Großes mir getan der Kraftvolle.
Und heilig ist sein Name.
Und sein Erbarmen: Geschlecht für Geschlecht
über denen, die ihn fürchten.
Gewaltiges tut er mit seinem Arm,
zersprengt die im Herzen hochmütig Gesinnten.
Machthaber stürzt er von Thronen,
und Niedrige erhöht er.
Hungernde füllt er mit Gutem,
und Reiche sendet er leer weg.
Er nimmt sich Israels an, seines Knechtes,
des Erbarmens gedenkend,
so wie er unseren Vätern zugesprochen,
dem Abraham und seinem Gesproß – auf Weltzeit hin.

Evangelium des Lukas (1, 46–55) nach der
Übersetzung von Fridolin Stier

Einleitung

Es ist ja längst kein Geheimnis mehr: die kirchliche Mariologie, die kirchliche Lehre also „über" Maria, hat für ungezählte Zeitgenossinnen und Zeitgenossen radikal an Plausibilität eingebüßt. Bis in die offizielle kirchliche Verkündigung hinein werden „große Schwierigkeiten" vieler Christen etwa mit den marianischen Dogmen zugegeben. „Schwer verständlich oder gar unverständlich" (Kath. Erwachsenenkatechismus) seien all die Aussagen über Marias Jungfrauengeburt, Gottesmutterschaft, unbefleckte Empfängnis oder Himmelfahrt. Mariologie – für ungezählte Menschen außerhalb *und* innerhalb der Kirche eine erledigte Angelegenheit, nicht mehr nachvollziehbar in einer nachaufklärerischen Welt wie der unsrigen? Vielleicht. Das ist hier nicht zu diskutieren. Vielmehr wollen wir zeigen: die *Sache* Marias scheint nicht erledigt, die Ausstrahlung dieser Figur nicht verblaßt. Ja, das Nachdenken über Maria hat sich gerade auch außerhalb kirchlich-theologischer Kanäle andere Wege, andere Weisen des Umgangs mit Maria gebahnt, die man im Raum von Theologie und Kirche noch viel zuwenig entdeckt hat.

Hier setzt dieses Buch ein. Es will dazu verhelfen, ein weitgehend noch unerschlossenes Gelände zu entdecken und für die Auseinandersetzung mit der Figur Marias fruchtbar zu machen. Um die Herausforderung der Sache in den Blick zu bekommen, wird hier nicht der Zugang über Schrift oder Dogma gewählt, sondern der über die Literatur. Und literaturgeschichtlich soll dabei ein möglichst breites Spektrum geboten werden. Vom Mittelalter über die

Romantik bis ins 20. Jahrhundert hinein werden Texte präsentiert und kommentiert, die Kontinuität und Diskontinuität der Rezeption der Mariengestalt zeigen.

Dieses Buch macht also Ernst mit der Tatsache, daß die Frau aus Nazaret gerade auch außerhalb der theologischen Lager und der kirchlichen Bastionen eine Wirkungsgeschichte ausgelöst hat, die (vor allem im 20. Jahrhundert) der offiziellen oft genug querlief. Dieses Buch macht Ernst mit der Tatsache, daß Schriftsteller einen anderen, unverstellten, widerständigen Zugang zu Maria haben – ohne Angst vor kirchlichen Tabus oder theologischen Grenzziehungen – und gerade so auf authentische Weise das reflektieren, was in ungezählten Menschen dieser Zeit vor sich geht. Denn Schriftsteller gehen nicht von einer Lehre über Maria aus, sondern von ihren ganz persönlichen Erfahrungen. Und diese Erfahrungen weisen ein denkbar breites Spektrum auf: da ist das Psychische (Novalis) ebenso vertreten wie das Politische (B. Brecht, E. Toller), das Tiefenpsychologische (H. Hesse, L. Rinser) ebenso wie das Mythische (A. Döblin, G. Fussenegger, M. Hannsmann), das Pathologische (R. M. Rilke, O. F. Walter), ebenso wie das Melancholische (F. Hölderlin), die Trauer (J. W. v. Goethe) ebenso wie die politische Kritik (K. Marti).

Das kann dieses Buch zeigen: Es gibt eine Wirkungsgeschichte der Mariengestalt, gerade bei Autoren, bei denen man es am wenigsten vermutet hätte. Überraschende Durchblicke werden erkennbar; widerständige Wahrnehmungen registrierbar; radikale Subjektivität ist das gestaltende Prinzip. Mehr noch: In Konfrontation mit Maria entdecken Schriftsteller ihre eigenen Mutter- und Frauenbilder wieder. In Auseinandersetzung mit der Madonna werden religiöse Grundfragen ebenso aufgeworfen wie individualpathologische Verstörungen aufgedeckt. Auseinandersetzung mit Maria heißt für viele Schriftsteller Auseinandersetzung mit den Bildern in der eigenen Brust, mit

Prägungen und Obsessionen. Auseinandersetzung mit Maria heißt Hinterfragen, unter Umständen Zerstören von geronnenen Klischees, fixierten Vorstellungen, neurotischen Festlegungen, so daß auch der Leser dieses Buches im Spiegel der Literatur fähig wird, seine eigenen, festgefrorenen Bilder zu überprüfen oder sich neu mit einer Figur auseinanderzusetzen, von der er glaubte, sie sei eine Gestalt von gestern. Ja, Auseinandersetzung mit der Sache Marias heißt nicht zuletzt, die politische Machtfrage stellen: Von welchen Mächten und Kräften wird unsere Welt beherrscht? Von der Macht des Schwertes (G. von le Fort), vom Wahn der „männlichen" Selbsterlösung und Selbstreproduktion? Welches Bild von Kirche entspricht der Sache Marias: die ecclesia triumphans oder die ecclesia sub cruce? Die männliche Macht- und Herrschaftskirche oder die geschwisterliche Kirche, in der etwas vom Geist marianischer Dialektik zu spüren ist: der Dialektik von Macht und Ohnmacht, Scheitern und Sieg, Stärke und Schwäche?

Deutlich soll in diesem Buch werden: Die Entdeckung eines so fremden, vielfach unbekannten, manchmal feindseligen Geländes wie das der Literatur ist für kirchliches und theologisches Denken in Sachen Maria nichts weniger als ein Abenteuer. Der Wind der Kritik weht hier scharf, manchmal eisig. Doch wer dem standhält, wird überraschende Entdeckungen machen und das finden, was er in Sachen Maria im Raum der Kirche so oft vermißt: authentische Wirklichkeitserfahrung. Literatur wird hier als Seismograph verstanden für die geheimen oder offen zutage liegenden geistigen und gesellschaftlichen Erschütterungen der Zeit. Wer freilich zu diesem Buch nur mit dem Ziel greift, das zu finden, was er schon weiß, wer sich seine eigenen traditionellen Vorstellungen über die Literatur nur illustrieren lassen will, wird ernüchtert. Literatur setzt ihre eigenen Bilder, konterkariert traditionelle Klischees oder liebgewonnene Vorstellungen, seien sie auch noch so frommer Natur. Literatur beunruhigt den, der sich in seine eigene Plausibilität verliebt hat. Anders gesagt: Man wird in den folgenden Texten vieles an traditionellen Formeln nicht wieder finden, und doch mit einem „Mehr" an Sprache, an Bildern und Einsichten wiederkehren. Sprachanreicherung ist der Lohn, wenn man geduldig hinhört und den Texten standhält.

Dann, aber nur dann, wird man entdecken, daß das, was die Theologie über Maria meint sagen zu müssen, von dem, was die Literatur auf ihre Weise sagt, gar nicht so weit entfernt ist. So wie für die Theologie Maria letztlich eine unverzichtbare, archetypische Grundfigur ist, um die Beziehung Gottes zu den Menschen zum Ausdruck zu bringen, so ist auch für die Literatur Maria immer wieder unverzichtbare, unaustauschbare Urgestalt menschlicher Selbsterfahrung – gerade angesichts von Brüchen, Ängsten und Krisen der jeweiligen Zeit.

Der Titel „Und Maria trat aus ihren Bildern", entnommen dem Gedicht „Und Maria" von Kurt Marti, drückt präzise aus, worum es in diesem Buch geht: nicht um eine Zerstörung des Glaubens an Maria, nicht um einen wilden Marien-Ikonoklasmus, eine Marien-Bilderstürmerei, sondern um die Aufarbeitung traditioneller Marienbilder, um zur von der Schrift bezeugten authentischen Sache Marias wieder neu vorstoßen zu können. Wenn dieses Buch seine Leser befähigt, sich wieder neu mit der Geschichte dieser Frau auseinanderzusetzen, die immer auch die Geschichte ihres Sohnes ist, wenn dieses Buch dazu beiträgt, daß in der Nachfolge des gekreuzigten Nazareners und der Schmerzensmutter Menschen befähigt werden, befreiter zu leben und sich von traditionellen Frauen- oder Männerrollen zu trennen, dann hat es seinen Sinn erfüllt.

Tübingen, im März 1990 *Karl-Josef Kuschel*

Die Bilderfülle des Mittelalters

Aus der Fülle mittelalterlicher Marienliteratur („Marienleben", „Marienlegenden", „Mariensequenzen", „Mariengrüße") wurden hier zwei lyrische Formen exemplarisch ausgewählt: der sogenannte Marienleich Walthers von der Vogelweide (eine aus der Sequenzendichtung hervorgegangene lyrische Großform, gegliedert in verschieden lange Abschnitte und bestehend aus freien Rhythmen) sowie Marienklagen.

Das lyrische Verfahren mittelalterlicher Mariendichtung unterscheidet sich grundlegend vom modernen. Die Leistung des mittelalterlichen Dichters in Sachen Maria besteht nicht in der Schaffung eines subjektiv originellen Kunstwerks, nicht in der Gestaltung persönlicher Erfahrungen oder in der Erfindung fiktiver Themen, sondern in der Beherrschung von Formen und Traditionen. Der Dichter findet aus Schrift- und Glaubenstradition der Kirche fertige Elemente des Marienbildes vor und setzt sie neu zusammen. Dies wird gerade an der Figur *Walthers von der Vogelweide* (ca. 1170 – ca. 1230) deutlich. Denn obwohl Walther als Dichterpersönlichkeit noch hervortritt, kommt nicht eigentlich seine dichterische Subjektivität zum Tragen, sondern seine Rolle als Vermittler kirchlicher Tradition, als kunstvoller, rational kalkulierender Arrangeur.

Ein Vergleich des Gedichtes von Walther (außer einigen Kreuzzugsliedern seine einzige religiöse Dichtung, entstanden vermutlich 1213–15 mit anderen Marientexten dieser Zeit (etwa: Melker Marienlied) macht deutlich, daß die Elemente des Marienbildes schon im Mittelalter zu Topoi geronnen sind. In solchen Texten wird Maria mit einer Fülle aus der Schrift vertrauter Elemente gepriesen: mit dem Zweig Aarons (Num 17,23), mit dem brennenden und nicht verbrennenden Dornbusch (Ex 3,2), mit dem Fell Gideons (Ri 6,37 f.). Maria ist ganz selbstverständlich die immerwährende („reine") Jungfrau, ein Wunder „über die

Menschenweisheit", das nicht oft genug staunend wiederholt werden kann (bei Walther achtmal) und das sowohl mit dem Bild vom brennenden Dornbusch vergegenwärtigt wird als auch mit dem Vergleich „Sonne – Glas". Darüber hinaus greift der Text noch eine Fülle ganz verschiedener biblischer Topoi auf: Walther spielt an auf Ezechiels Pforte (Ez 44,2), auf Salomons Thron (Hld 3,9f.), auf Gewürze („Balsamite", „Margarite"), wie sie etwa in Sir 24,15 genannt werden.

Dieses sprachlich-lyrische Verfahren offenbart die *theologische Grundkonzeption* des vorliegenden Textes, der außer den Marienpassagen noch eine Anrufung der Trinität und eine Klage über den Zustand des Christentums enthält. Es soll hier – auf der Linie figuraler und typologischer Exegese der Kirchenväter – ein heilsgeschichtlicher Zusammenhang zwischen dem Alten und dem Neuen Bund hergestellt werden. Maria ist hier als eine heilsgeschichtlich präexistente Gestalt zu denken, die schon in den Wundern des Alten Testamentes (z. B. Aarons Zweig, Ezechiels Pforte) präsent war. Die Stellung Mariens wird auf diese Weise jeglicher geschichtlichen Beliebigkeit und Zufälligkeit enthoben. Das, was Maria bedeutet, ist von Anfang an in Gottes Plan verankert, in Gottes Absicht grundgelegt: die Geburt des „wahren Christs", der den Tod besiegt und die seit Eva in der Welt befindliche menschliche Schande auslöschen wird (Maria als heilsgeschichtliche Kontrastfigur zu Eva!). Positiv gesagt: Durch Maria wurde das Wunder der Wunder ermöglicht: Gott – „ein Mensch nach Menschenweise" (Walther). Das ist der Grund, warum Maria eine so führende Stellung im Leben der Christen innehaben („Herrin") und als Aufgipflung der Schönheit gepriesen werden kann („Rose ohne jeden Dorn", „sonnefarben Lichte").

Walther beginnt seinen Text mit einer Anspielung auf die „Not der Christenheit", was nicht erbaulich, sondern realpolitisch zu verstehen ist. Walther stand zu dieser Zeit mitten in der großen politischen Auseinandersetzung um die Macht in Deutschland, die zwischen zwei rivalisierenden Königen und dem Papst ausgetragen wurde: zwischen Philipp von Schwaben, Otto von Braunschweig und Papst Innozenz II. Wahrhaftig, es war eine „notvolle" Zeit, die die Christenheit zerriß und in der Walther – zwischen Exkommunikationen seiner Könige selber hin- und hergerissen – mit papstkritischen Liedern bereits Stellung genommen hatte, Liedern, die an beißender Schärfe kaum zu überbieten waren.

In diesem Gedicht freilich hat Walther so etwas wie sein Glaubensbekenntnis abgelegt – trotz aller Bitterkeit gegenüber der real existierenden Kirche. Maria soll gewissermaßen auf die Not der Zeit aufmerksam gemacht werden, und immer wieder unterbricht Walther seinen Text mit einer konkreten Bitte an Maria um Hilfe und Schutz, bevor er sein Gedicht mit einem Schuldeingeständnis und einer Schulderleichterungsbitte beendet. Und doch: aufs Ganze gesehen, steht hier die Person Marias im Vordergrund, nicht die Situation des Menschen.

Da spricht die *„Marienklage"* aus dem *Kloster Lichtenthal* (13. Jh.) bei Baden vom Ende des 13. Jahrhunderts eine andere Sprache, wie der hier präsentierte Ausschnitt dokumentiert. Bei diesem Text handelt es sich um das älteste Zeugnis in Deutschland für eine dialogische Marienklage, bei der Maria und Johannes in dreimaligem Wechsel zur Sprache kommen. Der Wandel in der Sprechhaltung gegenüber den hymnischen Marienliedern ist überdeutlich. Betrachtete Walther Maria gewissermaßen aus universalheilsgeschichtlicher Perspektive, wobei theologisch die Inkarnation und die immerwährende Jungfrauenschaft Marias im Vordergrund standen, quillt sein Text gewissermaßen über vor Vergleichen aus dem Raum von Heilsgeschichte und Ästhetik, so fällt im Lichtenthaler Text die radikale Konzentration auf ein einziges Motiv aus dem Leben Marias auf: das Ende ihres Sohnes, Passion und Kreuz. Die Schönheit Marias ist hier ganz ihrem Schmerz gewichen; auf die Jungfrauenschaft wird zweimal kurz angespielt. Ansonsten lebt der Text von einem spannungsreichen Kontrast zwischen Anfang und Ende des Lebens Jesu, das auch Anfang und Ende von Marias Stellung bedeutet. Am Anfang ist Maria noch die unbeschwerte Mutter; am Anfang ist das Weinen ihr noch fremd; am Anfang steht die Freude über ihren Auftrag. Jetzt aber steht eine verwundete Frau unter dem Kreuz, weint und klagt; jetzt ist das Überleben zur Qual geworden („oh weh der beklagenswerten Not, / daß ich heute bin nicht tot"); jetzt muß sie neben dem Tod ihres Kindes auch noch dessen Verleumdungen über sich ergehen lassen („Sie sagen, er sei ein Bösewicht").

Noch radikaler gestaltet der *„Stabat mater"*-Text (13. Jh.) die mittelalterliche Marienklage. Wir haben es hier mit einem einzigartig dichten Text zu tun, der der franziskanischen Passionsmystik des 13. Jh.s entstammt und möglicherweise Jacopone da Todi oder Bonaventura zum Autor hat. Dieser Text ist nicht zufällig von großen Komponisten wie Palestrina, Pergolesi, Haydn, Rossini, Dvořák und Verdi vertont worden. Einzigartig ist der Text nicht nur in der Konzentration auf das Passionsmotiv, sondern vor allem in der Kombination verschiedener Sprechhaltungen: detaillierte Beschreibung der Wirkungen des Todes Jesu in der Mutter (Str 1–4, 7 u. 8); suggestiver Aufruf zum Mitleiden („Wer könnt' ohne Tränen sehen", Str 5 u. 6); Bittgebet an Maria (Str 9–11) sowie an Christus (Str 19 u. 20) und schließlich eine meditative Passionsmystik (Str 12–18), bei der der Beter sich immer stärker mit dem Leiden Christi zu verschmelzen sucht. Der Text radikalisiert somit das soteriologische Motiv aus vorausgegangenen Marientexten auf unerhörte Weise. Denn erkannt werden soll nicht nur allgemein, daß Jesus sein Blut „für mich" vergossen hat. Erkannt werden soll, daß die Wunden Jesu die Wunden eines jeden Menschen sind. Fähigkeit zur Teilhabe am Leiden Christi – das soll dieser Text vermitteln, der seinen mystischen Höhepunkt zweifellos in der Anspielung auf das Blut Christi erreicht („mach, am Kreuze hingesunken / mich vom Blute Christi trunken / und von seinen Wunden wund"). Hintergrundsmotiv ist auch hier die Bewahrung vor dem „Gerichtstag", der „ewigen Flamme" und die Hoffnung auf des „Himmels Seligkeit".

Wie sehr schon im Mittelalter die Marienlyrik zum Ausdrucksmittel sozialer Konflikte und Notstände wurde, macht das *„Geißlerlied"* (aus dem Jahr 1349) deutlich, aufgezeichnet in schwäbischem Dialekt in der Chronik Hugos von Reutlingen. Geißler oder Flagellanten gab es schon seit dem 11. Jahrhundert in italienischen Einsiedlerkreisen, in denen die christliche Askese radikal bis hin zur Selbstgeißelung gesteigert wurde. Mitte des 13. Jahrhunderts entstand in Mittel- und Oberitalien aufgrund politischer Unruhen (Papsttum – Kaisertum) und apokalyptischer Stimmungen (Joachim von Fiore) eine direkte Geißlerbewegung, die auch auf Deutschland übergriff. Eine zweite Welle setzte 1348/49 während der Pestzeit in Italien, Ungarn und Österreich ein und verbreitete sich ebenfalls rasch über Deutschland bis hin nach Holland, England und Polen. In diesem Kontext ist das hier dokumentierte Lied zu verstehen, dessen Schlüsselworte Elend, jäher Tod und Not auf der einen und Himmelsbrot, Himmelreich und Trost auf der anderen Seite sind. Ein Lied, das seine Spannung aus dem Kontrast von Text und Kontext, Sprache und Situation bezieht und das man sich als auf Geißlerzügen (in Gruppen von 50–100 Leuten) durch ganz Europa gesungen vorstellen muß.

Walther von der Vogelweide

Marienleich

Jungfrau und Mutter, siehe an
die Not der Christenheit,
du blühender Zweig des Aaron,
aufgehendes Morgenrot,
Ezechiels Pforte,
die nie geöffnet ward,
durch die der König prächtig
ward aus- und eingelassen.
So wie die Sonne scheinet
durch Fensterglas aus einem Stück,
ganz so gebar die Reine Christus,
die Jungfrau und Mutter war.

Ein Busch, der brannte,
daran gar nichts
versenget noch verbrennet ward:
groß und unversehrt
blieb sein Glanz,
von Feuersflamme unverletzt.
Das war die reine
Jungfrau alleine,
die auf jungfräuliche Art

Mutter eines Kindes wurde
ohne Beisein irgendeines Mannes
und wider alle Menschenweisheit
den wahren Christ
gebar, der unser hat gedacht.
Wohl ihr, daß sie den einmal trug,
der unsern Tod zu Tode schlug!
Mit seinem Blut wusch er uns ab

die Schande,
die uns Evas Fehltritt eingebracht.

Auf dem hohen Thron
des Salomon
bist du ein seltener Herrscher, Herrin,
und auch Gebieterin.
Balsamite,
Margarite,
über allen Jungfrauen bist du, Jungfrau,
eine Jungfrau, eine Königin.
Dem Lamme Gottes
war dein Schoß
ein kleines Gastgemach,
darinnen es vollkommen
eingeschlossen lag.

Dem Lamme gleicht
vollkommen
der Jungfrauen Schar:
die nehmen seiner wahr
und wenden sich, wohin sich's immer wendet.

Das Lamm, das ist
der heilige Christ,
davon du bist
nun alle Zeit
erhoben und verherrlicht.
Darum wirst du als Herrin gepriesen.
Nun bitte ihn, daß er uns schenke
um deinetwillen, was uns not tut:
du schicke uns Hilfe vom Himmel her:
größer wird davon dein Ruhm.

Jungfrau, ganz unbefleckt,
der Wolle Gideons
bist du vollkommen gleich,

die Gott begoß mit seinem Himmelstau.
Ein Wort über allen Worten
schloß deiner Ohren Pforten auf,
seine Süße hat durch und durch
dich süß gemacht, süße Himmelsherrin.

Was auch immer aus dem Wort erwachsen,
das ist von Kindsverstande frei:
Es wuchs auf zu Gott und ward ein Mensch.
Da haltet alle ein Wunder fest:
ein Gott, der einmal wurde
ein Mensch nach Menschenweise.
Was immer er an Wunder noch vollbrachte,
das übertraf er hier an Wunder.
Des gleichen Wundermannes Haus
war einer reinen Jungfrau stille Wohnung
wohl vierzig Wochen und nicht mehr,
ohne jede Sünde und ohne Schmerz.

Nun laßt uns die Mutter bitten
und auch der Mutter Kind,
die Reine sie und ihn, den Hehren,
daß sie uns schützen mögen:
denn ohne sie kann niemand,
nicht hier noch dorten, selig werden,
und widerspricht dem irgendeiner,
der bleibt ein Narr. (...)

Nun mache, Herrin, milde seinen Zorn,
barmherzige Mutter auserkoren,
du Rose ohne jeden Dorn,
du sonnefarben Lichte.

Dich preist der hohen Engel Schar:
doch brachten sie nie deinen Preis so dar,
daß er vollendet worden wäre.

Was immer auch an Preis gesungen wird
mit Stimmen oder von Zungen
aus allen Ordnungen
im Himmel und auf Erden,
daran erinnern wir dich Liebe
und bitten dich um unsrer Schuld,
daß du uns gnädig seist,

daß dein Gebet erklinge
vorm Urquell der Barmherzigkeit:
So sind wir voller Hoffnung,
es werde klein die Schuld,

womit wir schwer beladen.
Hilf uns, daß wir sie waschen ab
mit beständiger Reue
über unser böses Tun,
die außer Gott und außer dir niemand schenken kann.

Lichtenthaler Marienklage

O weh der jammervollen Klage,
die ich Mutter einsam trage
im Gedanken an den Tod!
Weinen war mir fremd,
– seitdem ich Mutter hieß
und doch ohne Mann.
Nun muß ich weinen,
da ich deinen Tod muß sehen,
o weh der immer größern Schmerzen!
Weinen, klagen macht mich immer
– wie der, der Freude nie errang –
die Wunde meines Herzens.
O weh, Tod,
diese Not
kannst du mir beenden,
willst du nur von dir
her zu mir
deinen Boten senden.

O weh der beklagenswerten Not,
daß ich heute bin nicht tot
von dem immer größern Schmerz:
daß ich Arme leben muß,
das quält mich so sehr
von wegen meines großen Leides.
Ich war gänzlich frei von Kummer,
als ich Mutter ward und dich gebar
berührt von keinem Manne:
daß ich dich derart sehen muß,
das lindert niemals mir
meine große Qual.
O weh, Kind,

die Wangen sind
dir völlig bleich geworden,
deine Kraft
und auch Gewalt
haben völlig dich verlassen.

Johannes, Sohn, nun hör auf mich,
da ich niemand habe außer dich,
so hilf mir heute weinen;
große Klage tut mir not,
mein Kind ist leider tot,
das klag ich dir allein.
Darum hilf mir mein Kind beklagen,
da heute alle, die hier sind,
es einzig nur verleumden:
sie sagen, er sei ein Bösewicht,
und behandeln sie ihn anders nicht,
so rufe allzeit Wehe!
O weh, wer
hat mit seinem Speer
so zugestoßen,
daß er dir
und auch mir
das Herz zerbrochen hat?

Stabat Mater

Christi Mutter stand mit Schmerzen
Bei dem Kreuz und weint' von Herzen,
Als ihr lieber Sohn da hing.

Durch die Seele voller Trauer,
Seufzend unter Todesschauer,
Jetzt das Schwert des Leidens ging.

Welch ein Weh der Auserkornen,
Da sie sah den Eingebornen,
Wie er mit dem Tode rang!

Angst und Trauer, Qual und Bangen,
Alles Leid hielt sie umfangen,
Das nur je ein Herz durchdrang.

Wer könnt' ohne Tränen sehen
Christi Mutter also stehen
In so tiefen Jammers Not?

Wer nicht mit der Mutter weinen,
Seinen Schmerz mit ihrem einen,
Leidend bei des Sohnes Tod?

Ach, für seiner Brüder Schulden
Sah sie Jesus Marter dulden,
Geißeln, Dornen, Spott und Hohn.

Sah ihn trostlos und verlassen
An dem blut'gen Kreuz erblassen,
Ihren lieben, einz'gen Sohn.

Gib, o Mutter, Born der Liebe,
Daß ich mich mit dir betrübe,
Daß ich fühl' die Schmerzen dein.

Daß mein Herz von Lieb' entbrenne,
Daß ich nur noch Jesus kenne,
Daß ich liebe Gott allein.

Heil'ge Mutter, drück die Wunden,
Die dein Sohn am Kreuz empfunden,
Tief in meine Seele ein!

Ach, das Blut, das er vergossen,
Ist für mich dahingeflossen;
Laß mich teilen seine Pein.

Laß mit dir mich herzlich weinen,
Ganz mit Jesu Leid vereinen,
Solang hier mein Leben währt.

Unterm Kreuz mit dir zu stehen,
Dort zu teilen deine Wehen,
Ist es, was mein Herz begehrt.

O du Jungfrau der Jungfrauen,
Woll'st in Gnaden mich anschauen,
Laß mich teilen deinen Schmerz.

Laß mich Christi Tod und Leiden,
Marter, Angst und bittres Scheiden
Fühlen wie dein Mutterherz.

Mach, am Kreuze hingesunken,
Mich von Christi Blute trunken
Und von seinen Wunden wund.

Daß nicht zu der ew'gen Flamme
Der Gerichtstag mich verdamme,
Sprech' für mich dein reiner Mund.

Christus, um der Mutter Leiden
Gib mir einst des Sieges Freuden
Nach des Erdenlebens Streit.

Jesus, wann mein Leib wird sterben,
Laß dann meine Seele erben
Deines Himmels Seligkeit!
Amen.

Marienbittruf der Geißler

Maria, muoter rainiu mait,
erbarm dich über die cristenhait!
erbarm dich über diniu kint,
diu noch in disem ellind sint!

Maria muoter gnade vol,
du kanst und mahst uns ghelfen wol.
verlih uns ainn gnedigen dot
und bhoett uns da vor aller not!

Erwirb uns huld um dines kint,
dez rich niemmer dhain end gewint,

daz er uns loes von aller not
und bhoette vor dem gaehen tot!

Erwirb uns ouch daz himelbrot,
daz Crist sinn zwelfen jungern bot,

so lib und sel sich schaiden sol,
daz wir den gvaren alle wol!

Und die uns dhain guot hant getan,
daz sie dez trosts nit werden an!

Und nim die sel an dine hant
und fuers in dines kindes lant!

Und nim die selaen alle gar
und fuer si zuo der engel schar!

Und nim die selaen all gelich
und fuer si in daz himelrich!

Und setz si zuo der rehtun hant
und da der sacher rowe vant.

Dez helf uns der hailant!

Die romantische Sehnsucht

Ausgewählt wurden hier zunächst zwei Texte von Goethe und Hölderlin, die selbstverständlich nicht eigentlich zur romantischen Bewegung zu rechnen sind. Sie markieren aber, was die Marienlyrik betrifft, einen modernen Wandel in der Grundhaltung des Lyrikers, der dann in der Frühromantik (vor allem bei Novalis und beim frühen Eichendorff) seine stärkste Ausprägung erfährt. Für den Protestanten und Erben der Aufklärung *Goethe* (1749–1832) ist das hier dokumentierte Marienlied nicht mehr Ausdruck eines persönlichen Frömmigkeitsgefühls, das man bei einem mittelalterlichen Dichter wie Walther von der Vogelweide durchaus noch unterstellen kann. Goethe verwendet das Gedicht in doppelter Brechung: als zitathafte Übernahme aus der mittelalterlichen Marienklage („Schwert im Herzen" spielt auf Lk 2,35 an) sowie als Stilmittel zur Personcharakteristik innerhalb eines Dramas („Faust" 1. Teil). Goethe macht sich damit meisterhaft den Effekt zunutze, daß die Marienfrömmigkeit auch im Prozeß der Aufklärung noch Teil der Volksfrömmigkeit geblieben ist und sich seit dem Mittelalter menschliche Not, Angst und Verzweiflung in marianischer Lyrik Ausdruck verschafft hat. Die Szene spielt denn auch am Ende des Faust-Dramas, als der Konflikt um Gretchen seinem Höhepunkt entgegentreibt. Gretchen ist von Faust schwanger. In der dieser Gebetsszene unmittelbar vorausgehenden Brunnenszene (mit Lieschen) erfährt sie nun vom Schicksal „sitzengebliebener" Frauen, die – weil als Schwangere unverheiratet geblieben – der öffentlichen Schande anheimgefallen sind. Gretchen ahnt ein ähnliches Schicksal, und diese ihre Angst bringt sie nun vor ein Andachtsbild der „Mater dolorosa", das sich nicht in einer Kirche, sondern in der Nische einer Stadtmauer befindet. Die Einsamkeit der Beterin wird auf diese Weise unterstrichen. Das Zitat verdeckt nur mühsam die eigene Sprachlosigkeit dieser jungen Frau. Marienlyrik als Ausdruck und Bewältigungsform menschlicher

Angst – seit Goethe ist dies ein Topos auch der modernen Literatur.

Vollends neuartig ist der Ton eines Mariengedichtes bei *Friedrich Hölderlin* (1770–1843), von dem nur ein Fragment gebliebener Hymnus „An die Madonna" aus der Homburger Zeit (1798–1800) überliefert ist. Verläßliches läßt sich aus diesem Vers-Torso gewiß nicht rekonstruieren, aber soviel dürfte feststehen: Charakteristisch für die neue Zeit ist nicht nur die Subjektivität, mit der hier geredet wird und die bis zur Einarbeitung autobiographischer Momente in den lyrischen Text reicht. Charakteristisch ist auch der Ausdruck der Zerrissenheit und Gebrochenheit („Schwermut"), die hier zur Quelle literarischer Kreativität geworden sind. Statt zitathaft distanziert wie Goethe, redet Hölderlin subjektiv-betroffen, greift er Gebetssprache auf, um seine persönliche Situation zu reflektieren.

Inhaltlich freilich ist dieses Gedicht nicht ohne das spezifische Christusverständnis Hölderlins zu verstehen. Hölderlin versteht Christus nicht exklusivistisch (im christlich-dogmatischen Sinn) als Richter und Erlöser, sondern inklusivistisch als letzten in der Reihe der griechischen Götter (Dionysos, Herakles). Mit Christi Tod ist der mit der Antike angebrochene Göttertag, wo Gott und Mensch, Himmel und Erde, Diesseits und Jenseits noch versöhnt waren, endgültig zu Ende gegangen. Christi Tod aber verheißt die Versöhnung von Antike und neuer Weltzeit in einer Götter und Menschen durchdringenden Liebe, die Hölderlin freilich nicht in der Gegenwart, wohl aber für die Zukunft erwartet. In der Zwischenzeit vertritt Maria die Götter, worauf der Vers „Gewaltet über den Menschen hat, statt anderer Gottheit, sie, die allvergessene Liebe" anspielen dürfte. Maria hat also bei Hölderlin eine Stellvertreterfunktion für die Weltepoche der Götterferne, bis der erhoffte neue Göttertag anbrechen wird.

Die spezifisch romantische Mariendeutung erreicht

schon früh bei *Novalis* (Friedrich von Hardenberg) (1772–1801) ihren literarischen Höhepunkt. Denn während für den mittelalterlichen Dichter die kirchliche Marienfrömmigkeit der verbindliche und verbindende Rahmen war, die Malvorlage gewissermaßen, in die er seine poetischen Farben eintrug, so kennzeichnet den Neuaufbruch der Romantik weniger die Illustrierung als die umfassende Symbolisierung der Mariengestalt zu einem Ausdrucksmittel universaler Humanität. Unter dem Einfluß der von Herder im 70. Humanitätsbrief (1795) entwickelten Konzeption einer „christlichen Mythologie", die in Maria eine Urgestalt, eines der „Bilder sittlicher Humanität", eines der „Denkbilder reiner Formen der Menschheit" zu sehen beginnt, sowie unter dem Eindruck der bildenden Kunst (Entdeckung der Madonna di San Sisto von Raffael in der Dresdener Galerie) und nicht zuletzt aufgrund einschneidender persönlicher Erlebnisse (früher Tod der Braut Sophie, starke Mutterbindung) beginnt ein Mann wie Novalis die Mariengestalt immer stärker zu symbolisieren. Von den „Lehrlingen zu Sais" angefangen über die „Hymnen an die Nacht" und die „Geistlichen Lieder" bis hin zum „Ofterdingen"-Roman (vor allem im Klingsor-Märchen) entwickelt Novalis seine Idee von Maria als Symbol ewig allwaltender Liebe, in der sich die Einheit des Alls, der Sinn und das Ziel alles Geschehens verwirklichen.

Bei dem hier gedruckten Text handelt es sich um das 12. und 13. Kapitel aus den „Geistlichen Liedern", die 1800 geschrieben wurden. Drei Elemente sind wichtig. Diese Strophen sind zum einen Zeugnis eines in dieser Zeit neu erwachten, den lyrischen Stil durchgehend prägenden Selbstbewußtseins des Autors als eines gestaltenden Subjekts, das sich auch in den Texten zu erkennen gibt („*ich* sehe dich ..."), zum anderen Ausdruck des Verzichtes auf eine die mittelalterliche Mariendichtung charakterisierende Bilderfülle (statt der Reihung von Bildern das summarische „in *tausend Bildern*"), zum dritten Niederschlag einer noch verstärkten Mittlerrolle Marias, wie sie schon für die „Hymnen an die Nacht" kennzeichnend war. Deutlich wird, wie sehr nun in den „Geistlichen Liedern" die Himmelskönigin Maria mit der Figur der Großen Mutter verschmolzen ist: „Laß, süße Mutter, dich erweichen ... mein ganzes Dasein ruht in dir". Erotisch besetzte Metaphern des Körperlichen („ewig brünstig lieben"; „als ich kaum meiner noch bewußt, / sog ich schon Milch aus deiner selgen Brust") machen den Grad der Entfremdung des lyrischen Subjekts von dieser „Welt" ebenso deutlich wie die Sehnsucht nach einer mystisch-erotischen Verschmelzung mit der als Geliebte besungenen Mutter. Konsequent findet diese lyrische Vergegenwärtigung Marias als Urmutter denn auch ihren Höhepunkt in der Selbstdeutung des Autors als „Kind", die gespeist wird von der eigenen Kindheitserfahrung und die auf die Übernahme der Rolle des Jesuskindes bei der göttlichen Mutter durch die eigene Person abzielt: „So löse doch des Alters Binde / und mache mich zu deinem Kinde". Die Sehnsucht des Dichters nach Erlösung aus „der Welt Getümmel" freilich darf nicht eschatologisch mißverstanden werden. Es geht hier nicht um eine Erlösung *nach* dem Tod, sondern *durch* den Tod. Die Verse „und ein unnennbar süßer Himmel / mir ewig im Gemüte steht" lassen auf präsentische Eschatologie schließen, auf Ewigkeit *in* der Zeit, auf Transzendenz *in* der Immanenz, auf ein neues Verhältnis zur Welt nicht jenseits von ihr, sondern mitten in ihr.

An den beiden Texten *Joseph von Eichendorffs* (1788–1857) läßt sich dagegen schon der Wandel, der innerhalb der romantischen Bewegung einsetzte, anschaulich dokumentieren. Das erste Gedicht „Mariä Sehnsucht" stammt aus dem Jahre 1808 und präsentiert noch ganz im Stil frühromantischer Naturfrömmigkeit Maria nicht im sakralen Raum einer Kirche, sondern in der freien Landschaft. Maria ist hier eine Art Naturgöttin, ein kosmisches Wesen, das Erde und Himmel, Sterne und Gärten gleichermaßen umfaßt. Dieser Naturpantheismus wird später bei Eichendorff durch ein der kirchlichen Tradition strenger verpflichtetes Marienbild abgelöst. Das „Kirchenlied" aus dem Jahre 1823 ist hier sowohl formal (als Lied für die Kirche) wie inhaltlich von der Motivstruktur her repräsentativ für den erfolgten Wandlungsprozeß. Naturmotive sind hier ebenso wie dichterische Subjektivität ganz zurückgetreten. Der Text ist streng auf die Sache konzentriert, nämlich die Bedeutung der Madonna, die hier in hymnisch-gebethafter Form Gegenstand der Verehrung, der Klage, der Sehnsucht ist. Wieder einmal verschafft die Hinwendung zur Madonna dem Beter Erleichterung in schwerer, trüber Zeit. Sehnsucht nach himmlischen Regionen und Trost in Verlassenheit und Einsamkeit ist das Thema. Ganz auf der Linie des Mittelalters werden Mitleid, Vergebungsbereitschaft für die Sünder, himmlisches Erbarmen und schützendes Geleit für die Todesstunde wieder Schlüsselmotive eines literarischen Textes. Anders als bei Novalis ist die Eschatologie hier nun radikal futurisiert. Der Erdenangst korrespondiert die Himmelssehnsucht, dem Erdengrund das „Haus des Vaters"; die Sterbestunde wird mahnend beschworen.

Keine Frage: Maria war zu einer zentralen Figur romantischer Poesie geworden, wie nicht nur die Texte von Novalis und Eichendorff belegen, sondern auch Mariengedichte von Friedrich Schlegel, Clemens von Brentano, Annette von Droste-Hülshoff, Ernst Moritz Arndt, Friedrich Hebbel, Ludwig Uhland, Gustav Schwab, Justinus Kerner und Friedrich Rückert. Selbst ein so scharfsichtiger Kritiker des Christentums wie *Heinrich Heine* (1797–1856) war bezeichnenderweise von der allgemeinen Marienbegeisterung seiner Zeit nicht unbeeinflußt geblieben. Wie sehr man gerade zu Beginn des vorigen Jahrhunderts bereit war, der Frau „mit den göttlichen Kräften" Vertrauen zu schenken, und worin die poetische Faszination der Marienfigur bestand, macht Heine selber deutlich, als er im Winter 1854, zwei Jahre vor seinem Tod, als eine entsetzliche Krankheit ihn längst in seine „Matrazengruft" geworfen hatte, in seinen Geständnissen schrieb: „Ich war immer ein Dichter, und deshalb mußte sich mir die Poesie, welche in der Symbolik des katholischen Dogmas und Kultus blüht und lodert, viel tiefer als anderen Leuten offenbaren, und nicht selten in meiner Jünglingszeit überwältigte auch mich die unendliche Süße, die geheimnisvoll selige Überschwenglichkeit und schauerliche Todeslust jener Poesie: auch ich schwärmte manchmal für die hochgebenedeute Königin des Himmels, die Legenden ihrer Huld und Güte brachte ich in zierliche Reime, und meine erste Gedichtsammlung enthält Spuren dieser schönen Madonna-Periode, die ich in spätern Sammlungen lächerlich sorgsam ausmerzte."

32 Jahre zuvor hatte Heine in der Tat eine „Wallfahrt nach Kevlaar" volksliedhaft besungen (dann aufgenommen in die Sammlung „Buch der Lieder", 1827), in der er das mittelalterliche und romantische Motiv von Maria als der Helferin und Trösterin in Not (Maria consolatrix) aufgriff und sogleich im Stil einer romantischen Schauerballade nicht ohne geheime Ironie in für ihn typischer Weise verfremdete. „Seelische Überschwenglichkeit" und „schauerliche Todeslust" sind denn in der Tat auch die poetischen Antriebskräfte dieses Textes. Und das 20strophige Gedicht erzielt seine Wirkung durch den auf Überraschung des Lesers hin angelegten Schluß, der die zunächst erzeugte erbauliche Erwartungshaltung (wundersame Heilung des durch den Tod der Geliebten gebrochenen Herzens eines jungen Mannes) mit Hilfe einer unerwartet einfachen „Lösung" (Heilung durch Tod) durchbricht. Der erbauliche Ton gläubigen, „naiven" Vertrauens auf die Hilfe der Madonna, wie er für die Romantiker charakteristisch war, ist hier verschwunden. Geblieben ist eine (ironische Distanz erzeu-

gende) Diskrepanz zwischen frommer Erwartung eines Wunders und der verblüffend einfachen, ja banalen und doch in ihrer Faktizität so schaurig-brutalen „Lösung", die alle Erbaulichkeit wie stickige Luft aus diesem Text verbannt. Die Benennung der Reaktion der Mutter des jungen Mannes mit der Wendung „ihr war, sie wußte nicht wie" stellt die hier beschriebene naive Volksfrömmigkeit als sprach- und hilflose Schicksalsgläubigkeit dar und macht damit faktisch diese Art marianischer Wunderergebenheit zur frommen Illusion.

Johann Wolfgang von Goethe

Ach neige, du Schmerzenreiche …

Ach neige,
du Schmerzenreiche,
dein Antlitz gnädig meiner Not!

Das Schwert im Herzen,
mit tausend Schmerzen
blickst auf zu deines Sohnes Tod.

Zum Vater blickst du,
und Seufzer schickst du
hinauf um sein' und deine Not.

Wer fühlet,
wie wühlet
der Schmerz mir im Gebein?
Was mein armes Herz hier banget,
was es zittert, was verlanget,
weißt nur du, nur du allein!

Wohin ich immer gehe,
wie weh, wie weh, wie wehe
wird mir im Busen hier!
Ich bin ach kaum alleine,
ich wein', ich wein', ich weine,
das Herz zerbricht in mir.

Die Scherben vor meinem Fenster
betaut ich mit Tränen, ach!
als ich am frühen Morgen
dir diese Blumen brach.

Schien hell in meine Kammer
die Sonne früh herauf,
saß ich in allem Jammer
in meinem Bett schon auf.

Hilf! rette mich von Schmach und Tod!
Ach neige,
du Schmerzenreiche,
dein Antlitz gnädig meiner Not!

Friedrich Hölderlin

An die Madonna

Viel hab ich dein
Und deines Sohnes wegen
Gelitten, o Madonna,
Seit ich gehöret von ihm
In süßer Jugend;
Denn nicht der Seher allein,
Es stehen unter einem Schicksal
Die Dienenden auch. Denn weil ich

Und manchen Gesang, den ich
Dem höchsten zu singen, dem Vater,
Gesonnen war, den hat
Mir weggezehret die Schwermut.

Doch, Himmlische, doch will ich
Dich feiern und nicht soll einer
Der Rede Schönheit mir,
Die heimatliche, vorwerfen,
Dieweil ich allein
Zum Felde gehe, wo wild
Die Lilie wächst, furchtlos,
Zum unzugänglichen,
Uralten Gewölbe
Des Waldes,
        das Abendland,

                und gewaltet über
Den Menschen hat, statt anderer Gottheit, sie,
Die allvergessende Liebe.

Friedrich von Hardenberg (Novalis)

Ich sehe dich in tausend Bildern

Ich sehe dich in tausend Bildern,
Maria, lieblich ausgedrückt,
Doch keins von allen kann dich schildern,
Wie meine Seele dich erblickt.

Ich weiß nur, daß der Welt Getümmel
Seitdem mir wie ein Traum verweht,
Und ein unnennbar süßer Himmel
Mir ewig im Gemüte steht.

Wer einmal, Mutter, dich erblickt,
Wird vom Verderben nie bestrickt.
Trennung von dir muß ihn betrüben,
Ewig wird er dich brünstig lieben,
Und deiner Huld Erinnerung
Bleibt fortan seines Geistes höchster Schwung.

Ich mein es herzlich gut mit dir.
Was mir gebricht, siehst du in mir.
Laß, süße Mutter, dich erweichen,
Einmal gib mir ein frohes Zeichen.
Mein ganzes Dasein ruht in dir,
Nur einen Augenblick sei du bei mir.

Oft, wenn ich träumte, sah ich dich
So schön, so herzensinniglich.
Der kleine Gott auf deinen Armen
Wollt des Gespielen sich erbarmen;
Du aber hobst den hehren Blick
Und gingst in tiefe Wolkenpracht zurück.

Was hab ich Armer dir getan?
Noch bet ich dich voll Sehnsucht an.
Sind deine heiligen Kapellen
Nicht meines Lebens Ruhestellen?
Gebenedeite Königin,
Nimm dieses Herz mit diesem Leben hin.

Du weißt, geliebte Königin,
Wie ich so ganz dein eigen bin.
Hab ich nicht schon seit langen Jahren
Im stillen deine Huld erfahren?
Als ich kaum meiner noch bewußt,
Sog ich schon Milch aus deiner selgen Brust.

Unzähligmal standst du bei mir,
Mit Kindeslust sah ich nach dir,
Dein Kindlein gab mir seine Hände,
Daß es dereinst mich wieder fände;
Du lächeltest voll Zärtlichkeit
Und küßtest mich, o himmelsüße Zeit!

Fern steht nun diese selge Welt,
Gram hat sich längst zu mir gesellt,
Betrübt bin ich umhergegangen,
Hab ich mich denn so schwer vergangen?
Kindlich berühr ich deinen Saum,
Erwecke mich aus diesem schweren Traum.

Darf nur ein Kind dein Antlitz schaun
Und deinem Beistand fest vertraun,
So löse doch des Alters Binde
Und mache mich zu deinem Kinde.
Die Kindeslieb und Kindestreu
Wohnt mir von jener goldnen Zeit noch bei.

Joseph von Eichendorff

Mariä Sehnsucht

Es ging Maria in den Morgen hinein,
Tat die Erd' einen lichten Liebesschein,
Und über die fröhlichen, grünen Höh'n
Sah sie den bläulichen Himmel stehn.
„Ach, hätt' ich ein Brautkleid von Himmelsschein,
Zwei goldene Flüglein – wie flög' ich hinein!" –

Es ging Maria in stiller Nacht,
Die Erde schlief, der Himmel wacht',
Und durchs Herze, wie sie ging und sann und dacht',
Zogen die Sterne mit goldener Pracht.
„Ach, hätt' ich das Brautkleid von Himmelsschein,
Und goldene Sterne gewoben drein!"

Es ging Maria im Garten allein,
Da sangen so lockend bunt' Vögelein,
Und Rosen sah sie im Grünen stehn,
Viel' rote und weiße so wunderschön.
„Ach hätt' ich ein Knäblein, so weiß und rot,
Wie wollt' ich's lieb haben bis in den Tod!"

Nun ist wohl das Brautkleid gewoben gar,
Und goldene Sterne im dunkelen Haar,
Und im Arme die Jungfrau das Knäblein hält,
Hoch über der dunkelerbrausenden Welt,
Und vom Kindlein gehet ein Glänzen aus,
Das ruft uns nun ewig: Nach Haus, nach Haus!

Kirchenlied

O Maria, meine Liebe!
Denk' ich recht im Herzen dein:
Schwindet alles Schwer' und Trübe,
Und, wie heller Morgenschein,
Dringt's durch Lust und ird'schen Schmerz
Leuchtend mir durchs ganze Herz.

Auf des ew'gen Bundes Bogen,
Ernst von Glorien umblüht,
Stehst du über Land und Wogen;
Und ein himmlisch Sehnen zieht
Alles Leben himmelwärts
An das große Mutterherz.

Wo Verlass'ne einsam weinen,
Sorgenvoll in stiller Nacht,
Den' vor allen läßt Du scheinen
Deiner Liebe milde Pracht,
Daß ein tröstend Himmelslicht
In die dunklen Herzen bricht.

Aber wütet wildverkehrter
Sünder frevelhafte Lust:
Da durchschneiden neue Schwerter
Dir die treue Mutterbrust;
Und voll Schmerzen flehst du doch.
Herr! Vergib, o schone noch!

Deinen Jesus in den Armen,
Über'n Strom der Zeit gestellt,
Als das himmlische Erbarmen
Hütest du getreu die Welt,
Daß im Sturm, der trübe weht,
Dir kein Kind verloren geht.

Wenn die Menschen mich verlassen
In der letzten stillen Stund',
Laß mich fest das Kreuz umfassen.
Aus dem dunklen Erdengrund
Leite liebreich mich hinaus,
Mutter, in des Vaters Haus!

Heinrich Heine

Die Wallfahrt nach Kevlaar

1

Am Fenster stand die Mutter,
Im Bette lag der Sohn.
„Willst du nicht aufstehn, Wilhelm,
Zu schaun die Prozession?"

„Ich bin so krank, o Mutter,
Daß ich nicht hör und seh;
Ich denk an das tote Gretchen,
Da tut das Herz mir weh." –

„Steh auf, wir wollen nach Kevlaar,
Nimm Buch und Rosenkranz;
Die Mutter Gottes heilt dir
Dein krankes Herze ganz."

Es flattern die Kirchenfahnen,
Es singt im Kirchenton;
Das ist zu Köllen am Rheine,
Da geht die Prozession.

Die Mutter folgt der Menge,
Den Sohn, den führet sie,
Sie singen beide im Chore:
Gelobt seist du, Marie!

2

Die Mutter Gottes zu Kevlaar
Trägt heut ihr bestes Kleid;

Heut hat sie viel zu schaffen,
Es kommen viel kranke Leut.

Die kranken Leute bringen
Ihr dar, als Opferspend,
Aus Wachs gebildete Glieder,
Viel wächserne Füß und Händ.

Und wer eine Wachshand opfert,
Dem heilt an der Hand die Wund;
Und wer einen Wachsfuß opfert,
Dem wird der Fuß gesund.

Nach Kevlaar ging mancher auf Krücken,
Der jetzo tanzt auf dem Seil,
Gar mancher spielt jetzt die Bratsche,
Dem dort kein Finger war heil.

Die Mutter nahm ein Wachslicht,
Und bildete draus ein Herz.
„Bring das der Mutter Gottes,
Dann heilt sie deinen Schmerz."

Der Sohn nahm seufzend das Wachsherz,
Ging seufzend zum Heiligenbild;
Die Träne quillt aus dem Auge,
Das Wort aus dem Herzen quillt:

„Du Hochgebenedeite,
Du reine Gottesmagd,
Du Königin des Himmels,
Dir sei mein Leid geklagt!

Ich wohnte mit meiner Mutter
Zu Köllen in der Stadt,
Der Stadt, die viele hundert
Kapellen und Kirchen hat.

Und neben uns wohnte Gretchen,
Doch die ist tot jetzund –
Marie, dir bring ich ein Wachsherz,
Heil du meine Herzenswund.

Heil du mein krankes Herze –
Ich will auch spät und früh
Inbrünstiglich beten und singen:
Gelobt seist du, Marie!"

3

Der kranke Sohn und die Mutter,
Die schliefen im Kämmerlein;
Da kam die Mutter Gottes
Ganz leise geschritten herein.

Sie beugte sich über den Kranken,
Und legte ihre Hand
Ganz leise auf sein Herze,
Und lächelte mild und schwand.

Die Mutter schaut alles im Traume,
Und hat noch mehr geschaut;
Sie erwachte aus dem Schlummer,
Die Hunde bellten so laut.

Da lag dahingestrecket
Ihr Sohn, und der war tot;
Es spielt auf den bleichen Wangen
Das lichte Morgenrot.

Die Mutter faltet die Hände,
Ihr war, sie wußte nicht wie;
Andächtig sang sie leise:
Gelobt seist du, Marie!

Die ästhetische Verwandlung

Marientexte von Stefan George und Rainer Maria Rilke sind nicht zu verstehen ohne die spezifisch ästhetische Konzeption dieser Lyriker. Die Lyrik von *Stefan George* (1868–1933) versteht sich als Gegenzug zum „Naturalismus" in der Literatur. In seinem ersten Gedichtband „Die Bücher der Hirten- und Preisgedichte, der Sagen und Sänge und der hängenden Gärten" (1895) geht es George nicht um den Entwurf „eines geschichtlichen oder Entwicklungsabschnittes". Diese Lyrik entsteht vielmehr – so George selber – aus den „Spiegelungen einer Seele, die vorübergehend in andere Zeiten und Örtlichkeiten geflohen ist und sich dort gewiegt hat". Die drei Bücher repräsentieren dabei unsere „drei großen Bildungswelten": Antike, christliches Mittelalter, Orient, soweit als etwas davon „in einigen von uns noch eben lebt".

Dieser neue poetische Ansatz hatte Folgen auch für die Gestaltung des Marienmotivs, das nun auf der Linie mittelalterlicher Dichtung in mehreren Variationen im „Buch der Sagen und Sänge" auftaucht. Die Gedichte „Sporenwache" und „Das Bild" greifen auf die mittelalterliche Ritterwelt zurück: das traumhafte Erlebnis eines Knappen in der Nacht vor dem Ritterschlag wird ebenso beschrieben wie das Thema der mittelalterlichen „Minne". Aber nicht eigentlich um die romantische Rückversetzung in ein verklärtes Mittelalter geht es George, sondern – im Gewande des mittelalterlichen Stoffes – um die Gestaltung eines universal-menschlichen Motivs: das der reinen Hingabe und Weihe des Menschen an ein (hier in der Madonna verkörpertes) göttliches Ideal oder auch um die Gestaltung des nicht weniger überzeitlich-gültigen Motivs der vergeblichen Sehnsucht des Menschen nach der Vereinigung mit dem Göttlichen.

Ort der Handlung (und der Begegnung mit Maria) ist der sakrale Raum einer Kapelle, in der das dort aufgestellte Marienbild zum Anlaß lyrisch realisierter Selbsterfahrung wird. „Sporenwache" und „Das Bild" sprechen also nicht mehr direkt von Maria, sondern nur noch indirekt von den Wirkungen der in einem Kunstobjekt vergegenständlichten Gegenwart Mariens und dem dadurch ausgelösten Prozeß menschlicher Erfahrungen. Schon aus diesem Grunde wäre es völlig abwegig, von diesen Texten auf eine „Marienfrömmigkeit" des Dichters George selbst zu schließen. Die Marienthematik ist im Gegenteil Teil einer ästhetischen Programmatik, eines künstlerischen Transformationsprozesses, mit dessen Hilfe der Lyriker seine eigene Kunstphilosophie konkretisiert.

Ähnlich verhält es sich bei einem Dichter wie *Rainer Maria Rilke* (1875–1926). Auch dieser Prager Poet stammt wie George aus katholischer Glaubenswelt, aber ähnlich wie George ist auch Rilke nicht so sehr aus Gefühlen „marianischer Frömmigkeit" an Maria interessiert (auch das Theologisch-Dogmatische oder das Exegetisch-Historische läßt er stets beiseite), sondern vor allem als Poet, als Lyriker, als Künstler. Mit Maria als literarischer Figur ließen sich auch für ihn Grundhaltungen des Menschen zur Wirklichkeit, zur Welt und zur Kunst symbolisch-ästhetisch spiegeln, auf die es Rilke für sein Kunstprogramm ankam und die in immer neuen Variationen sein Werk durchziehen: die Darstellung der Hingabe und des Dienens, die Sorge um und das Warten auf die Dinge, das Wissen um das Wunderbare und das Offensein des Menschen für das Göttliche, die Haltung des Rühmens und Preisens. Maria spielt dabei für Rilke eine kaum durch eine andere Frauenfigur ersetzbare Rolle: sie wird nicht selten zum Symbol des Weiblichen, Fraulichen schlechthin, aber auch zum Symbol für den Künstler und seine „gebärende", schöpferische Aufgabe.

Hatte Rilke im „Buch der Bilder" (entstanden zwischen 1898 und 1901, 1902 erschienen) noch auf die „wunderbare" Rolle Marias angespielt („Du bist ein großes, hohes Tor, und aufgehen wirst du bald", so in „Verkündigung"), so setzen die Texte „Vor der Passion" und „Pietà" aus dem „Marienleben" von 1912 andere Akzente. Maria ist in den Texten von Rilkes „Marienleben" (als einziger Textzyklus noch zu Rilkes Lebzeiten vertont, und zwar von Paul Hindemith 1923) weniger die göttliche als die irdische Frau und Mutter, die freilich vor allen anderen Menschen dadurch ausgezeichnet ist, daß sich an ihr in Hingabe, Gottergebenheit und Einfalt göttliches Handeln vollzogen hat. Originell ist in diesem Zyklus vor allem das Motiv der *Spannungen zwischen Mutter und Sohn.* Schon in einem Text wie „Von der Hochzeit zu Kanaa" wird auf das tragische Ende des Sohnes angespielt und indirekt von der Mitschuld der Mutter geredet („sie hatte es herbeigetrieben / in der Blindheit ihrer Eitelkeit"). Vollends in den beiden hier dokumentierten Texten. Auch sie sind nur aus der Mutter-Sohn-Spannung heraus zu verstehen und bringen einen neuen Ton in die Marienklage. Die Ursache des Schmerzes ist der Sohn selber, den die Mutter nicht mehr „fassen" kann. Maria ist also bei Rilke nicht nur Klägerin, sondern auch Anklägerin. Umkehr des Schmerzensmutter-Motivs findet statt, und Höhepunkt dieser Umkehrung, dieser Klage *und* Anklage der Mutter an den Sohn, ist das Pietà-Gedicht, das in der deutschen Literaturgeschichte vor Rilke seinesgleichen sucht. Maria ist hier Typus der fassungslosen Mutter, die das Fiasko des Sohnes, der über sie hinausgewachsen war, geahnt hat und es doch letztlich nur ohnmächtig beklagen kann. Im Spiegel des Maria-Christus-Verhältnisses gestaltet Rilke somit die archetypische Grundspannung von Mutter und Sohn überhaupt, die ihren Höhepunkt darin findet, daß die Mutter ihre Gebärunfähigkeit dem toten Sohn subtil als Schuld unterstellt („jetzt kann ich dich nicht mehr gebären").

Das letzte Gedicht dieser Auswahl setzt noch einmal einen Gegenakzent. Hier ist Rilke nicht an der psychologischen Problematik der Marienfigur interessiert, sondern an der subtilen Beschreibung der Wirkung, die eine Madonnenstatue auf Menschen auslöst. Der Text entstammt der Gedichtsammlung „Neue Gedichte" (1907). Rilke erweist sich hier als Meister in der Beschreibung der „Dinge", und in solchen „Ding"-Gedichten kommt seine Kunst in der Tat zur Vollendung. Denn die präzise Beschreibung der Dinge fällt hier zusammen mit einer eigentümlichen „Vision" von den Dingen, ihrer Dynamik und Mystik. Unter Rilkes Blick legen die Figuren und Gegenstände ihre Tiefenstruktur frei, wird Wirklichkeit zu einem schwingenden, fließenden dynamischen Erfahrungsraum, so daß die Grenzen von Subjekt und Objekt verschwimmen.

Stefan George

Sporenwache

Die lichte zucken auf in der kapelle.
Der edelknecht hat drinnen einsam wacht
Nach dem gesetze vor altares schwelle
‚Ich werde bei des nahen morgens helle
Empfangen von der feierlichen pracht

Durch einen schlag zur ritterschar erkoren ·
Nachdem der kindheit sang und sehnen schwieg
Dem strengen dienste widmen wehr und sporen
Und streiter geben in dem guten krieg.

Ich muss mich würdig rüsten zu der wahl ·
Zur weihe meines unbefleckten schwertes
Vor meines gottes zelt und diesem Mal ·
Dem zeugnis echten heldenhaften wertes:'

Da lag der ahn in grauen stein gehauen ·
Um ihn der schlanken wölbung blumenzier ·
Die starren finger faltend im vertrauen ·
Auf seiner brust gebreitet ein panier ·

Den blick verdunkelt von des helmes klappen –
Ein cherub hält mit hocherhobner schwinge
Zu häupten ihm den schild mit seinem wappen ·
In glattem felde die geflammte klinge.

Der jüngling bittet brünstig Den da oben
Und bricht gelernten spruches enge schranken
Die hände fromm vors angesicht geschoben ·
Da wurde unvermerkt in die gedanken
Ihm eine irdische gestalt verwoben:

‚Sie stand im garten bei den rosmarinen
Sie war viel mehr ein kind als eine maid ·
In ihrem haare goldne flocken schienen
Sie trug ein langes sternbesticktes kleid'

Ein schauer kommt ihn an · er will erschrocken
Dem bild das ihm versuchung dünkt entweichen ·
Er gräbt die hände in die vollen locken
Und macht das starke bösemferne zeichen ·

In seine wange schiesst es rot und warm ·
Die kerzen treffen ihn mit graden blitzen ·
Da sieht er auf der Jungfrau schoosse sitzen
Den Welt-erlöser offen seinen arm.

‚Ich werde diener sein in deinem heere
Es sei kein andres streben in mir wach ·
Mein leben folge fortab deiner lehre ·
Vergieb wenn ich zum letzten male schwach'

Aus des altares weissgedeckter truhe
Flog ein schwarm von engelsköpfen aus ·
Es floss bei ferner orgel heilgem braus
Des Tapfren einfalt und des Toten ruhe
Zu weiter klarheit durch das ganze haus.

Das Bild

Nachdem ich auf steinernen gräbern · an frostigen pfeilern ·
Gesungen · gewandelt bei würdiger väter zunft:
Erspäht ich zur vesper hinter den rauchenden meilern
Des langsamen abends erquickende niederkunft.

Zerdrangen die freundlichen schatten die farbige helle ·
Erstarben die glocken über dem stillen gefild
Dann sank ich befreit und allein in der bergenden zelle
Mit schluchzen und sehnen vor das göttliche bild.

Die sprechenden augen erhoben · die hände gewunden ·
Entflossen gebete mir ohne anfang und schluss
Wie nie in dem sammtenen buch ich sie ähnlich gefunden ·
Ich spannte die arme und wagte den flehenden kuss.

Ich wartete träumend – bestärkt von den wundergeschichten –
Auf sichtliche lohnung die nimmer und nimmer kam ..
Bestürmte nur heisser und hoffte und zürnte mit nichten
Dem schuldlosen antlitz aus glanz und erhabenem gram.

Und wenn es endlich auf meine lagerstatt
Sich neigte oder erlösende zeichen mir schriebe ..
Ich glaube mein arm ist bald zum umfangen zu matt ·
Auf meinen lippen erlosch die brennende liebe.

Rainer Maria Rilke

Vor der Passion

O HAST du dies gewollt, du hättest nicht
durch eines Weibes Leib entspringen dürfen:
Heilande muß man in den Bergen schürfen,
wo man das Harte aus dem Harten bricht.

Tut dirs nicht selber leid, dein liebes Tal
so zu verwüsten? Siehe meine Schwäche;
ich habe nichts als Milch- und Tränenbäche,
und du warst immer in der Überzahl.

Mit solchem Aufwand wardst du mir verheißen.
Was tratst du nicht gleich wild aus mir hinaus?
Wenn du nur Tiger brauchst, dich zu zerreißen,
warum erzog man mich im Frauenhaus,

ein weiches reines Kleid für dich zu weben,
darin nicht einmal die geringste Spur
von Naht dich drückt –: so war mein ganzes Leben,
und jetzt verkehrst du plötzlich die Natur.

Pietà

JETZT wird mein Elend voll, und namenlos
erfüllt es mich. Ich starre wie des Steins
Inneres starrt.
Hart wie ich bin, weiß ich nur Eins:
Du wurdest groß –
...... und wurdest groß,
um als zu großer Schmerz
ganz über meines Herzens Fassung
hinauszustehn.
Jetzt liegst du quer durch meinen Schooß,
jetzt kann ich dich nicht mehr
gebären.

Die Marien-Prozession

Gent

AUS allen Türmen stürzt sich, Fluß um Fluß,
hinwallendes Metall in solchen Massen
als sollte drunten in der Form der Gassen
ein blanker Tag erstehn aus Bronzeguß,

an dessen Rand, gehämmert und erhaben,
zu sehen ist der buntgebundne Zug
der leichten Mädchen und der neuen Knaben,
und wie er Wellen schlug und trieb und trug,
hinabgehalten von dem ungewissen
Gewicht der Fahnen und von Hindernissen
gehemmt, unsichtbar wie die Hand des Herrn;

und drüben plötzlich beinah mitgerissen
vom Aufstieg aufgescheuchter Räucherbecken,
die fliegend, alle sieben, wie im Schrecken
an ihren Silberketten zerrn.

Die Böschung Schauender umschließt die Schiene,
in der das alles stockt und rauscht und rollt:
das Kommende, das Chryselephantine,
aus dem sich zu Balkonen Baldachine
aufbäumen, schwankend im Behang von Gold.

Und sie erkennen über all dem Weißen,
getragen und im spanischen Gewand,
das alte Standbild mit dem kleinen heißen
Gesichte und dem Kinde auf der Hand
und knieen hin, je mehr es naht und naht,
in seiner Krone ahnungslos veraltend
und immer noch das Segnen hölzern haltend
aus dem sich groß gebärdenden Brokat.

Da aber wie es an den Hingeknieten
vorüberkommt, die scheu von unten schaun,
da scheint es seinen Trägern zu gebieten
mit einem Hochziehn seiner Augenbraun,
hochmütig, ungehalten und bestimmt:
so daß sie staunen, stehn und überlegen
und schließlich zögernd gehn. Sie aber nimmt,

in sich die Schritte dieses ganzen Stromes
und geht, allein, wie auf erkannten Wegen
dem Glockendonnern des großoffnen Domes
auf hundert Schultern frauenhaft entgegen.

Die politische Herausforderung

Ein überraschendes Beispiel dieser Sammlung ist der Text „Die Mauer der Erschossenen". Er stammt von dem kommunistischen Aktivisten und Dramatiker *Ernst Toller* (1893–1939) aus dem Jahr 1919. Toller war in diesem Jahr zu 5 Jahren Festungshaft im Gefängnis Stadelheim bei München verurteilt worden. Als Kriegsfreiwilliger im Ersten Weltkrieg schwer verwundet, hatte er seine Haftstrafe wegen seiner Beteiligung am Umsturz in Bayern antreten müssen, nachdem er Vorstandsmitglied des revolutionären Zentralrates der Arbeiter-, Bauern- und Soldatenräte in München gewesen war. Toller war also ein Mann der Räterepublik, ein politischer Gefangener der ersten Tage nach dem furchtbaren Krieg. Im Gefängnis Stadelheim entsteht ein politisches Mariengedicht, das in der Literatur des 20. Jahrhunderts seinesgleichen sucht. Gefängnis, Exekutionsmauer, Blut, Morden und Gelächter sind eine unerhörte Szenerie für einen Marientext. Sprachlich ist vor allem die Verarbeitung religiösen Bildmaterials bemerkenswert. Denn die Gefängnismauer, an der Gefangene exekutiert werden, bekommt für den gescheiterten Revolutionär Toller schon durch den Vergleich mit den Wunden des heiligen Sebastian eine beinahe religiöse Dignität. Assoziationen von Märtyrertum sollen aufkommen. Durch das Blut der Gefangenen soll dieser Ort der Gottferne das Signum einer religiösen Opferstätte erhalten. Auch Toller also nutzt religiöses Bildmaterial zur symbolischen Aufladung politischer Geschehnisse: das Gefängnis wird zum Altar, die Mauer zur Blutopferstätte, der Hinrichtungsort zum sakralen Platz. Statt Profanisierung des Sakralen ist Sakralisierung eines radikal profanen Ortes Tollers literarische Strategie. Höhepunkt ist der Vergleich der steinernen Wand mit der Schmerzensmutter, der Pieta. Damit kommt zum Ausdruck: In einer Welt der Gottferne und der Menschenverlassenheit übernimmt die Steinwand die Funktion der Schmerzensmutter. Dem Leser soll sich die Vorstellung aufdrängen: In einer solchen Welt des Todes ist das Leiden, von Menschen verursacht, sogar für die Steine schon zum Steinerweichen. Indem also Toller der Steinwand mütterliche Züge gibt, indem die Mauer zur Pieta wird, legt der Autor das Maß an Entmenschlichung frei, das sich in der Erschießungszene äußert. Indem aber umgekehrt die Mauer Mutter- und Klagefunktion erhält, wird dieser Ort des Todes ebenfalls zu einem Ort sakraler Würde. Das Mater-dolorosa-Motiv ist also in dieser radikalen Umkehr für Toller die bildliche Vergegenwärtigung der Solidarität mit den Opfern, denen in ihrem würdelosen Tod nichts von ihrer Würde genommen ist. Mater dolorosa – hier Symbol der Solidarität mit den Opfern schlechthin. Die Schmerzensmutter – hier wie so oft in der Geschichte – nicht auf der Seite der Herrschenden, der Henker, sondern auf seiten der Opfer, der kleinen Leute, der Unbedeutenden aus dem Volke.

Ein Stück politischer Aufklärung stellt der Text von *Bert Brecht* (1898–1956) dar: „Maria" (1922), der später weitere „Weihnachtsgedichte" provozieren sollte: „Weihnachtslegende" (1923) sowie „Die gute Nacht" (1926). Brecht probiert hier drei verschiedene Sprechhaltungen und literarische Verfahren aus. Der Text „Maria" lebt dabei ganz vom Kontrast von „einst" und „jetzt", von nüchterner, brutaler sozialer Wirklichkeit damals und christlicher Idyllik später.

Ähnlich der Schweizer Pfarrer und Lyriker *Kurt Marti* (geb. 1921). Er schreibt erstmals nach Rilke wieder ein „Marienleben", diesmal nicht mit einer ästhetischen und psychologischen, sondern mit einer politischen und befreiungstheologischen Hermeneutik: das „Magnificat" als Ausgangspunkt für den Entwurf eines politisch-utopischen Marienbildes. Wie Brecht setzt auch Marti historisch-kritisch an, um den Blick des Lesers sofort auf die geschichtliche Person Marias zu lenken. Sie ist in diesem Text zu einer „einfachen Frau aus dem Volke" geworden, deren „Gesang"

Ausdruck innerer Freiheit und Gelöstheit ist. Die Wendungen „Männer dem Mann – Gott dienen" und „heiliger Umsturz" machen die doppelte Frontstellung dieses Textes gleich zu Anfang deutlich: Maria ist für Marti sowohl eine Figur weiblicher Emanzipationsgeschichte wie überhaupt der politischen Befreiungsgeschichte.

Die Strophen 3 und 4 greifen das Thema „Mutter" auf. Marti setzt hier überraschend neue Akzente. Das *vor* der Geburt des Erstgeborenen von der Mutter gesungene Lied wird gewissermaßen zum Erziehungsprogramm für den Sohn. Das heißt: der Sohn wird später in Angriff nehmen, wovon die Mutter nur singen, nur träumen konnte. Marti betont also die Bedeutung der Mutter nicht nur als Gebärerin, sondern auch für die inhaltliche Gestaltung der Botschaft und der Praxis des Sohnes. Daß Jesus, der Sohn, so redete und handelte, ist Teil des Lebenstraumes und der Erziehungsstrategie der Mutter, die sie – nach Meinung des Autors – auch anderen ihrer Kinder vermittelte. Mutter ist Maria bei Kurt Marti auch dort ganz und gar, wo sie erschrocken auf den Aufbruch des Sohnes aus der Familie reagiert. Schmerzensmutter dort, wo sie unter dem Kreuz zur Spiegelfigur für das Leid des Sohnes wird. In der „Versteinerung" und der „Sprachlosigkeit" der Mutter verstärkt sich die ganze Dramatik des Todes dieses Sohnes.

Paradox, ja grotesk ist auch für Marti die Diskrepanz zwischen wirklicher Geschichte und Wirkungsgeschichte. Als Autor nutzt Marti dabei geschickt einen dramaturgischen Effekt: Er läßt Maria selber von all den Jungfräulichkeitsprojektionen, der Wundersucht der Menschen erschrocken sein, vor allem von der bigotten Anbetung durch „Potentaten und Schergen".

Martis Text erreicht zweifellos dort seinen Höhepunkt, wo die aktive, handelnde Maria beschrieben wird, und zwar indirekt in geschichtlichen Stellvertreterinnenfiguren. Diesem Text zufolge gibt es so etwas wie einen Prozeß der Universalisierung der „Sache Marias", gibt es die „andere Maria" – jenseits aller Süße und Sentimentalität, Demut und Hingabe, die bei Frauen ein passives Rollenverhalten im Namen der „reinen, demütigen Magd" festzuschreiben sucht. Als These des Autors zeichnet sich ab: Maria ist nicht dort lebendig, wo sie auf Bildern und Altären folgenlos angebetet, wo sie Frauen als ein falsches Vorbild gepredigt wird, sondern überall dort, wo gesellschaftliche und geistige Befreiung durch Frauen selber geschieht, wo Schutz den Bedrängten gewährt wird, wo Frauen Veränderungen einleiten oder auch Opfer von Gewalt und Unterdrückung werden. Maria ist somit für diesen Autor nicht die „ewige Frau", sondern die konkrete Frau, eine Befreiungsfigur gerade auch für Frauen, deren Sache ein ewiges Thema der Weltgeschichte ist: die Beförderung des Prozesses von Freiheit und Gerechtigkeit unter den Menschen. Maria gehört in die Freiheitsgeschichte großer Frauen hinein!

Ernst Toller

Die Mauer der Erschossenen

Pietà

Stadelheim 1919

Wie aus dem Leib des heiligen Sebastian,
Dem tausend Pfeile tausend Wunden schlugen,
So Wunden brachen aus Gestein und Fugen,
Seit in den Sand ihr Blut verlöschend rann.

Vor Schrei und Aufschrei krümmte sich die Wand,
Vor Weibern, die mit angeschoßnen Knien „Herzschuß!“ flehten,
Vor Männern, die getroffen sich wie Kreisel drehten,
Vor Knaben, die um Gnade weinten mit zerbrochner Hand.

Da solches Morden raste durch die Tage,
Da Erde wurde zu bespienem Schoß,
Da trunkenes Gelächter kollerte von Bajonetten,

Da Gott sich blendete und arm ward, nackt und bloß,
Sah man die schmerzensreiche Wand in großer Klage
Die toten Menschenleiber an ihr steinern Herze betten.

Bert Brecht

Maria

Die Nacht ihrer ersten Geburt war
Kalt gewesen. In späteren Jahren aber
Vergaß sie gänzlich
Den Frost in den Kummerbalken und rauchenden Ofen
Und das Würgen der Nachgeburt gegen Morgen zu.
Aber vor allem vergaß sie die bittere Scham
Nicht allein zu sein
Die dem Armen eigen ist.
Hauptsächlich deshalb
Ward es in späteren Jahren zum Fest, bei dem
Alles dabei war.
Das rohe Geschwätz der Hirten verstummte.
Später wurden aus ihnen Könige in der Geschichte.
Der Wind, der sehr kalt war
Wurde zum Engelsgesang.
Ja, von dem Loch im Dach, das den Frost einließ, blieb nur
Der Stern, der hineinsah.
Alles dies
Kam vom Gesicht ihres Sohnes, der leicht war
Gesang liebte
Arme zu sich lud
Und die Gewohnheit hatte, unter Königen zu leben
Und einen Stern über sich zu sehen zur Nachtzeit.

Kurt Marti

Und Maria

1
und maria sang
ihrem ungeborenen sohn:
meine seele erhebt den herrn
ich juble zu gott meinem befreier
ich: eine unbedeutende frau –
aber glücklich werden mich preisen
die leute von jetzt an
denn grosses hat gott an mir getan –
sein name ist heilig
und grenzenlos sein erbarmen
zu allen denen es ernst ist mit ihm –
er braucht seine macht
um die pläne der machthaber fortzufegen
er stürzt die hohen vom sitz
und hebt die unterdrückten empor
er macht die hungrigen reich
und schickt die reichen hungrig weg

2
und maria konnte kaum lesen
und maria konnte kaum schreiben
und maria durfte nicht singen
noch reden im bethaus der juden
wo die männer dem mann-gott dienen

dafür aber sang sie
ihrem ältesten sohn
dafür aber sang sie
den töchtern den anderen söhnen
von der grossen gnade und ihrem

heiligen umsturz

3
dennoch
erschrak sie
am tage
da jesus die werkstatt
und ihre familie verliess
um im namen gottes
und mit dem feuer des täufers
ihren gesang
zu leben

4
und dann
ach dann
bestätigten sich
alle ängste
aufs schlimmste:
versteinert stand sie
und sprachlos
als jesus
am galgen
vergeblich
nach gott schrie

5
später viel später
blickte maria
ratlos von den altären
auf die sie
gestellt worden war

und sie glaubte
an eine verwechslung
als sie
– die vielfache mutter –

zur jungfrau
hochgelobt wurde
und sie bangte
um ihren verstand
als immer mehr leute
auf die knie fielen
vor ihr

und angst
zerpresste ihr herz
je inniger sie
– eine machtlose frau –
angefleht wurde
um hilfe um wunder

am tiefsten
verstörte sie aber
der blasphemische kniefall
von potentaten und schergen
gegen die sie doch einst
gesungen hatte voll hoffnung

6
und maria trat
  aus ihren bildern
und kletterte
  von ihren altären herab
und sie wurde
  das mädchen courage
  die heilig kecke jeanne d'arc

und sie war
  seraphina vom freien geist
  rebellin gegen männermacht und hierarchie
und sie bot
  in käthe der kräutermuhme
  aufständischen bauern ein versteck

und sie wurde
millionenfach als hexe
zur ehre des gottesgötzen verbrannt
und sie war
die kleine therese
aber rosa luxemburg auch
und sie war
simone weil „la vierge rouge“
und zeugin des absoluten
und sie wurde
zur madonna leone die nackt
auf dem löwen für ihre indios reitet –
und sie war und sie ist
vielleibig vielstimmig
die subversive hoffnung
ihres gesangs

Magna Mater: Mythisch-psychologische Tiefenstrukturen

Der erste hier aufgenommene Text von *Hermann Hesse* (1877–1962) stammt aus der mittleren Phase von Hesses Werkgeschichte. Hesse hatte bis zu dieser Zeit radikale Wandlungen durchgemacht. Unter dem Einfluß fernöstlicher Philosophie und Religion (Indienreise 1911; „Siddhartha" 1922), aber auch unter dem Einfluß Jungscher Tiefenpsychologie und Mythendeutung (ab 1916) sowie unter dem Eindruck des Zusammenbruchs der bürgerlichen Kultur im Ersten Weltkrieg („Demian" 1919) war Hesse zu einer eigenen Weltsicht gekommen. 1919 war er nach Montagnola (Tessin) umgezogen, wo er bis zu seinem Lebensende bleiben sollte.

Der *erste Text* dokumentiert denn auch Hesses Landschaftswechsel ebenso wie seine radikale geistige Wandlung. Hesses Einstellung zu Maria ist nun nicht mehr von einem romantisierend-ästhetisierenden Grundgefühl geprägt (er hatte in seiner Tübinger Zeit 1898 sowie in seiner Baseler Periode 1899–1903 erste Marientexte verfaßt), sondern von seiner globalökumenischen Sicht einer Einheit aller großen Religionen der Menschheit. In radikaler Abkehr von seiner protestantisch-pietistischen Vergangenheit hatte Hesse sich zu einem Verständnis von Religion durchgerungen, in dem er weniger das Trennend-Dogmatische und -Institutionelle als das Mythisch-Mystische und Einheitlich-Universelle betonte. Die ironische Anspielung im ersten Text *„Madonnenfest im Tessin"* von 1924 auf „uns Heiden" sowie den „eigenen Kult" und die „eigene Mythologie" lassen darauf schließen. Hesse nimmt sich das Recht, die großen Gestalten der religiösen Traditionen in den Kosmos seines eigenen Denkens zu integrieren und ihnen eine eigene Funktion zu geben. Maria kann so ganz selbstverständlich neben Venus und Krishna auftauchen, weil auch sie für Hesse ein „Symbol der Seele", ein „Gleichnis für den lebendigen, erlösenden Lichtschein" ist, „der zwischen den Polen der Welt, zwischen Natur und Geist, hin- und widerschwebt und das Licht der Liebe entzündet". Ja, Maria kann für Hesse sogar zur „heiligsten Gestalt aller Religionen" werden, weil sich in ihr offenkundig „das Licht der Liebe" in einzigartiger Sanftheit, Zärtlichkeit und Schönheit verkörpert.

Der zweite hier dokumentierte Hesse-Text entstammt dem 6 Jahre später geschriebenen Roman *„Narziß und Goldmund"* (1930). Schon im „Demian"-Roman (1919) hatte Hesse sich mit der Problematik der Ur-Mutter auseinandergesetzt, dem Problem von Sterben und Wiedergeborenwerden von Gesellschaft und Individuum, gedeutet im Bild vom Vogel, der sich aus dem Ei befreit. Dieses Ur-Mutter-Motiv ist in „Narziß und Goldmund" (1930) voll ausgebaut. Jungsche Animus-Anima-Psychologie, chinesiche Yin-Yang-Philosophie, heidnische Muttergottheiten und christliche Gottesmutter-Vorstellung verschmelzen hier zu einer für Hesse typischen Sicht der Polarität des Menschen. Der Kontext der hier ausgewählten Passagen ist rasch skizziert. Auf seinen vagabundierend-abenteuerlichen Reisen hat der aktive Held des Romans, Goldmund (polare Gegenfigur zu „Narziß"), in einem Kloster eine folgenschwere Begegnung mit einem Marienbild. Katalysatorisch weckt dieses Bild in ihm Urerfahrungen, legt in ihm Urerinnerungen frei und gibt ihm das, was er auf seinen ziellosen Reisen „noch nie besessen" habe, „ein Ziel".

Goldmund beschließt, den Künstler dieses Bildes aufzusuchen und bei diesem in die Schule zu gehen. Er will das Bild seiner Seele, das die Marien-Statue in ihm freigelegt und das er bisher nur in „Träumen und Ahnungen" geschaut hatte, nun auch künstlerisch hervorbringen, für sich selber objektivieren. Doch was immer Goldmund an Gesichtern und Träumen haben mag, schließlich muß er sich eingestehen, daß dieses Innenbild sich jeder künstlerischen Vergegenwärtigung entzieht und für ihn Geheimnis bleibt. Die Johannes-Statue, die er künstlerisch zu gestalten vermag, ist kein Ersatz dafür. Die Urmutter, diese „Gestalt der großen Gebärerin", deren Geheimnis in der Vereinbarkeit größter, bisher unversöhnlicher Gegensätze besteht („Geburt und Tod, Güte und Grausamkeit, Leben und Vernichtung"), diese Urmutter verbleibt bei ihm im Gestaltlosen. Eines aber weiß Goldmund, seit er das Marienbild gesehen hat: Er ist auf dem *Weg zur Mutter,* gezogen und gerufen von ihr.

Eine ähnliche, wenn auch ungleich komplexere Entwicklung läßt sich im umfangreichen Werk von *Alfred Döblin* (1878–1957) verfolgen, geboren in Stettin als Sohn jüdischer Eltern. Früh seiner jüdischen Tradition entfremdet (Studium der Medizin), beginnt sich Döblin schon in seiner frühen Phase für verschiedene Ausdrucksformen des Religiösen vor allem im Katholizismus zu interessieren, insbesondere für dessen naturreligiös-mythischen Gehalt. Ja, wichtig für den frühen Döblin ist, daß er sich Zugang zur christlichen Religion überhaupt in erster Linie über Naturreligion und Mythos erschließt. Döblin war davon überzeugt, daß das, was sich im Katholischen über die Jahrhunderte an Marienfrömmigkeit aufbewahrt hatte, nur eine bestimmte Form uralter Naturverehrung und Naturfrömmigkeit war. Noch in seiner schärfsten religionskritischen Schrift aus seiner dezidiert atheistischen Zeit (1919/20) unter dem Titel „Jenseits von Gott!" will Döblin das „Mythische" an der Religion bewahrt wissen und spricht im Zusammenhang des christlichen Marienglaubens von einer „freudigen, wonnevollen Legende, etwas wie eine christliche Naturreligion. Der gelungenste Rettungsversuch der Kirche".

Erzählerische Verwendung findet dieses mythische Marien-Motiv vor allem in den frühen Novellen Döblins *„Mariä Empfängnis"* (1911) und „Die Flucht aus dem Himmel" (1920), von denen wir hier nur die zweite Novelle dokumentieren können. In „Mariä Empfängnis" ist Döblin ganz vom Problem der Begegnung von Göttlichem und Menschlichem, Geistigem und Naturhaftem im Akt der Zeugung fasziniert, dessen Darstellung überdeutlich Anklänge an jugendstilhafte Bildelemente verrät. Denn die „bleiche", „stilläugige", jungfräuliche Maria mit dem „Mandelzweig im Haar" ist in dieser Novelle ganz im Sinne von Ästhetizismus und Jugendstil als „femme enfant" (Kindfrau) stilisiert, ein Frauentypus, der eine für die Madonna häufig in dieser Zeit verwendete Variation der „femme fragile" ist.

Die Novelle *„Die Flucht aus dem Himmel"* ist ganz vom Konflikt Maria/Christus einerseits und Gott andererseits, d. h. vom Grundkonflikt zwischen Mutter/Sohn und Vater bestimmt. Döblin versucht, sich hier in Form einer remythologisierenden Erzählung die Dramatik des christlichen Erlösungsgeschehens zu vergegenwärtigen. Er schildert, wie Christus, der Gottessohn, der das Elend der unerlösten Erde nicht länger mit ansehen will, sich von seinem Vater, dem „Ungeheuren", losreißt, auf die Erde entflieht und ein Werk in Gang setzt, das der Vater im Himmel zunehmend als „gegen ihn" gerichtet beargwöhnt („Er schien eine neue Welt schaffen zu wollen unter den Menschen ... ein Umschöpfer, Gegenschöpfer"). Maria dagegen ist ganz als Typus der sorgenvollen Mutter stilisiert, die voll Entsetzen darüber ist, was mit ihrem Sohn auf Erden geschieht. Dramatisch beschwört sie ihn, „sein menschliches Kleid von sich zu werfen". Auch der Vater wird angefleht, den Sohn von seinem Vorhaben abzubringen. Doch der Vater begreift langsam, daß das Werk des Sohnes „für ihn" geschieht. Und so gelingt es dem Sohn endlich – nach der freiwilligen Übernahme des entsetzlichen Kreuzestodes in den Himmel als furchtbar Zugerichteter zurückgekehrt –, den Vater zu „bewegen", der sich schließlich zu seinem Sohn bekennt („Ich habe dich nicht verlassen"). Die Erzählung endet tröstlich: „Er wußte, die Menschheit konnte gerettet werden".

Transformationen des Mythischen in der Literatur des

20. Jahrhunderts auch bei *Heinrich Böll* (1917–1985). Böll freilich geht es in seinem Gedicht „Köln 1" (1968) weniger um Mythopsychologie im Stil von Hermann Hesse oder Mythodramatik à la Döblin, sondern um die bildliche Vergegenwärtigung einer Stadt, „seiner" Stadt, der Stadt Köln. Diese Stadt wird hier im mythischen Bild der Magna Mater, der „dunklen Mutter", gedeutet. Das Spezifische aber: Im Raum der „dunklen Mutter" spielt sich Unerhörtes ab, bilden sich heimlich Koalitionen, die Gegensätzliches, moralisch Getrenntes vereinigen. Beide Strophen des Gedichtes sind kunstvoll gebaut und dialektisch aufeinander bezogen. In der ersten Strophe sind Venus und Maria (die Liebesgöttin und die Mutter-„Göttin"), Jesus und Dionys (der „Gott" des Leids und der Gott der Lust), Gereon und Cäsar (der Märtyrer-Soldat und der Kaiser-Soldat) für Böll archetypische Grundfiguren menschlichen Verhaltens. Sie repräsentieren die „ewige Dualität" heidnisch-christlicher Geschichte in dieser Stadt. Strophe 1 steht dabei ganz im Zeichen geschichtlicher „Vergeblichkeit". Das „Stolpern" der Madonna ist nur die bildliche Vergegenwärtigung des immer mißlingenden Versuchs, Heidentum durch Christentum zu beseitigen, ein Vorgang, der sich untergründig „unter der Stadt" vollzieht, im Undurchschaubar-Verborgenen (Bild des „Labyrinths"), und der in seiner Vergeblichkeit nur „Hohnlachen" provoziert. Das heißt: die Realität dieser Stadt spricht solchen Versuchungen ständig Hohn. Warum?

Weil diese Stadt, die „dunkle Mutter", schon längst ihre eigene Weise der „Versöhnung", der „Verkuppelung", der „großen Koalition" gefunden hat. Davon ist in der zweiten Strophe die Rede. Bewußt arbeitet Böll mit sexueller Bildsprache („verkuppelt") und verschränkt nun die Gegensatzpaare aus der ersten Strophe neu. Jetzt heißt es: Madonna *mit* Dionys und Jesus *mit* Venus. All dies ist noch einmal Ausdruck geschichtlicher Realistik, die keine moralischen

Kategorien kennt. Dem Text ist überhaupt jede moralische Wertung fremd (Aussagesätze charakterisieren die Syntax), und gerade darin liegt seine Herausforderung. So gehört die Madonna diesem Text zufolge hinein in die bunte, chaotische, untergründig-unausrottbare, schmutzige und doch gerade darin faszinierende unmoralisch-moralische Geschichte menschlicher Realität, die in einer Stadt wie Köln einzigartig symbolisch verdichtet ist.

Im Gedicht der Lyrikerin *Margarete Hannsmann* (geb. 1921) ist das mythische Motiv mit einer zeitkritischen Reflexion verschmolzen. Denn die Betrachtung einer Madonnenstatue an der Johanneskirche in Gmünd wird nicht bloß zu einer Reflexion über die mythische Tiefenbedeutung („Göttinnen hinter sieben Meeren als Modell") oder den theologischen Sinn der Figur der Madonna (Verknüpfung des Schmerzensmutter- mit dem Pantokrator-Motiv), sondern auch zu einer zeitkritischen Betrachtung über Umweltzerstörung, die gleichzeitig eine Kulturzerstörung ist. Margarete Hannsmann setzt hier freilich eigene Akzente: die „Verwitterungen" an der Madonnenstatue sind zunächst „köstlicher" als alle renovierten Kunstobjekte. Die Geschichte hat also an dieser Madonna Spuren hinterlassen, die sie gewissermaßen menschlicher, vertrauter, wirklichkeitsnäher macht. Gleichzeitig fürchtet die Lyrikerin, daß man diese Madonnenstatue – bevor sie gänzlich zerstört wird oder sich in ein Ungeheuer verwandelt („Gorgo" ist in der griechischen Mythologie ein grauenerregendes Wesen mit Schlangenhaaren und dem versteinernden Blick) – „wegnehmen" und durch eine „Kopie" ersetzen wird. In diesem Gedicht von der „Madonna" verschmelzen also verschiedene Motivstränge: zum einen das Bewußtsein von großen geschichtlichen Zusammenhängen, zum zweiten die Sehnsucht nach Erbarmen („nur das gefältelte Kleid der Tragenden/des Getragnen erbarmt sich unser"), zum dritten vermenschlichende Detailbeobachtungen („Kot der

Taube/die auf dem Kopf ihres Sohnes sitzt") sowie zeitkritische Außenbeobachtungen („Erosion").

Was im Gedicht von Margarete Hannsmann nur angedeutet ist, wird im Gedicht von *Gertrud Fussenegger* (geb. 1912) zum zentralen Motiv: der Apfel, den Maria in ihren Händen hält, während der Sohn als kleines Kind auf ihren Knien sitzt und diesen berührt. Dieser Apfel wird von der Lyrikerin gewissermaßen zum dramatischen Mittelpunkt nicht nur des Gedichtes, sondern der Wirklichkeit überhaupt gemacht. Das Gedicht deutet auf seine Weise eine künstlerische Darstellung Marias, die seit dem Mittelalter bekannt ist: Maria ist die „Mondherrin", die apokalyptische Frau, von der es in Apk 12, 1 f heißt: „Und es erschien am Himmel ein großes Zeichen: eine Frau, umkleidet mit der Sonne, der Mond unter ihren Füßen und auf ihrem Haupt ein Kranz von zwölf Sternen; und sie ist schwanger und schreit in Wehen und Geburtsqualen". Gleichzeitig nimmt das Gedicht ein ebenfalls seit dem Mittelalter bekanntes Symbol in Marienbildern auf: Der in der Hand der Muttergottes befindliche Apfel bedeutet das Weltall. Daran also ist Gertrud Fussenegger in ihrem Gedicht interessiert. Maria ist bei ihr eine kosmische Gestalt, von der die gesamte Wirklichkeit bestimmt wird.

Höhepunkt des Gedichtes ist denn auch Strophe 3, wo unmittelbar vom „Sohn im Arm der Mutter" auf den „Auf- und Untergang und die Gezeiten" übergegangen wird mit der Frage, was denn das Ganze zusammenhielte. Die Antwort ist deutlich: es ist die Frucht „vom Weltbaum", die sich in den Händen der Madonna befindet, „damit sie reife". Ja mehr noch (die Selbstpräzisierung in den letzten zwei Zeilen macht dies deutlich): die Lyrikerin hat keine statische Vorstellung, sondern eine dynamische: der Reifungsvorgang vollzieht sich nicht in den Händen der Madonna, sondern zwischen ihrer Hand und der Hand ihres Sohnes. Die theologische Grundaussage, die in diesem kosmischen Bild von der „Mondherrin mit dem Kinde" verborgen ist, ist damit deutlich: der Apfel vom „Weltbaum" ist die Welt selbst, die in der dynamischen Liebesbeziehung zwischen Mutter und Sohn zu ihrer Reife kommen soll.

Dieses kosmische Motiv, das zugleich politisch und kirchenkritisch konkretisiert wird, wird nun im folgenden Text von *Luise Rinser* (geb. 1911) weiter ausgestaltet (entnommen ihren Aufzeichnungen „Winterfrühling" von 1982). Luise Rinser strebt zu einer neuen Synthese von Mythos und Politik. Die mythische und die politische Dimension der Marienfigur wird nicht länger getrennt, sondern zu einer auf Veränderung und Befreiung angelegten Einheit verschmolzen. Groß geworden im katholischen Bayern, kämpferisch engagiert für eine erneuerte katholische Theologie und Kirche seit dem Vatikanum II, erfahren in der Einschätzung der Frau durch traditionelle katholische Theologie und den Umgang mit Frauen in der Geschichte der katholischen Kirche, kennt Luise Rinser die ambivalente Wirkungsgeschichte der Marienfigur im Raum des Katholischen: „Daß man in der Kirche die Frau zur Madonna (Jungfrau-Mutter) erhöht, um die konkrete Frau nicht erhöhen zu müssen".

Mit zahlreichen Theologinnen und Theologen weiß die Autorin sich aber auch solidarisch in der Kritik an einem allzu einseitig männlichen christlichen Gottesbild. Und um ein neues Gottesbild geht es denn auch im zweiten Teil des hier aufgenommenen Textes, in dem Luise Rinser von einer eigenen Deutung der „Sieben Worte am Kreuz" berichtet: „Mit dem Tod des Christus tritt das männliche Element der Gottheit zurück und das weibliche bekommt Bedeutung". Dieses neue Gottesbild kommt vor allem in der Figur der Schutzmantel-Madonna zum Ausdruck, einer mythisch-kosmischen Gestalt, die im wörtlichen Sinn zur Gottes- und Weltgebärerin geworden ist.

Hermann Hesse

Madonnenfest im Tessin

Hoch am Monte Arbostora, aus den endlosen Kastanienwäldern weiß hervorleuchtend, steht eine alte kleine Kirche, der Mutter Gottes geweiht, eine Wallfahrtskirche, deren Glocken man nur wenigemal im Jahre läuten hört. Von vielen Zaubern und Geheimnissen umgeben liegt diese Kirche, mit ihrem hellen Turm und der freundlichen Vorhalle, weit abgelegen an einem schwer aufzufindenden Waldpfade, nur ein einziges Dorf liegt in der Nähe, auch dies eine halbe Stunde von ihr entfernt. Diese Wald- und Wallfahrtskirche sucht die Menschen nicht und will nicht gekannt sein, das ist es, was ich an ihr so sehr liebe, sie sucht nicht Ruhm, sondern Verborgenheit, sie strebt nach Anonymität, im Gegensatz zum Kram und Markt der Geschäfte, der Kunst, der Wissenschaft, der Literatur und all dieser Kinderbetriebsamkeiten, und darin ist sie den vollendeten Menschen, den Weisen und Heiligen, verwandt. Seit manchen Jahren kenne ich dies Heiligtum genau und habe oft meine Freude an den Spielen und Geheimnissen, mit denen es sich umgibt. In den Sommermonaten, und namentlich zur Zeit der Kastanienblüte, spielt die Kirche in ihrem Wald Verstecken, an manchen Tagen sucht das Auge sie den ganzen Vormittag vergeblich, sie ist weg, sie hat sich verloren und taucht erst später, wenn Westsonne auf ihre Mauern fällt, wieder empor, und nie ist man sicher, ob sie wieder genau am alten Orte steht. Vom nächsten Dorfe aus ist sie leicht zu erreichen, aber dies Dorf selber will erst erreicht sein, es gehört zu den armen, rauhen Bergnestern der Gegend. Wer aber von einer anderen Seite her die Madonna besuchen will, und zwar gerade von der Seite her, von der man sie, vom Tale aus, so weiß und freundlich locken sieht, der mache sich auf lange rauhe Wege und auf Enttäuschungen gefaßt: auf steilen Ziegenpfaden muß er durch den Wald, und oben, schon in großer Höhe, läuft der kleine Pfad in drei, vier noch kleinere auseinander, und keiner ist der rechte, und am Ende hört, wenn man nicht besonderes Glück hat, jeder Weg auf, und man hat sich durch Schluchten mit Steingeröll und Ginstergestrüpp und Brombeergeranke zu schlagen, und die Kirche, die vom Tale aus so hell und deutlich zu sehen war und so leicht zu erreichen schien, duckt sich verkürzt hinter die Wipfel und ist nicht zu finden. Oft bin ich dort gewesen, und die meisten Male bin ich fehlgegangen, einige Male aber zog sie mich zu sich, ohne daß ich sie gesucht hätte, und ich stand verwundert auf einer einsamen Waldstreife plötzlich vor der rötlichen Stützmauer und der lichten Fassade mit dem friedevollen Vorbau und schaute durchs vergitterte Fensterchen neben der Almosenschale in die Dämmerung des heiligen Raumes hinein und sah hinten etwas Goldenes leise und ahnungsvoll glänzen und wußte, daß das die goldene Madonna war. An Sommerabenden um die Zeit des Sonnenuntergangs ist der kleine Platz vor der Waldkirche der schönste Platz in der ganzen weiten Gegend. Aber das geschieht sehr selten, daß um diese Stunde noch ein Mensch dort oben anzutreffen ist.

Hundertmal habe ich diese Madonna belauscht, tausendmal sie von ferne gesehen, manche Dutzend Male ihren grünen Vorplatz und ihre Mauerbrüstung mit der unglaublichen Aussicht besucht und durch das Fensterlein zu dem goldenen Bilde hineingeäugt. Sie wäre so recht ein Heiligtum für Menschen von meiner Art, und es ist eigentlich schade, daß ich gar nicht Katholik bin und gar nicht richtig zu ihr beten kann. Was ich indessen dem heiligen Antonius und dem heiligen Ignatius nicht zutraue, das traue ich doch der Madonna zu: daß sie auch uns Heiden verstehe und gelten lasse. Ich erlaube mir mit der Madonna einen eigenen

Kult und eine eigene Mythologie, sie ist im Tempel meiner Frömmigkeit neben der Venus und neben dem Krischna aufgestellt; aber als Symbol der Seele, als Gleichnis für den lebendigen, erlösenden Lichtschein, der zwischen den Polen der Welt, zwischen Natur und Geist, hin und wider schwebt und das Licht der Liebe entzündet, ist die Mutter Gottes mir die heiligste Gestalt aller Religionen, und zu manchen Stunden glaube ich sie nicht weniger richtig und mit nicht kleinerer Hingabe zu verehren als irgendein frommer Wallfahrer vom orthodoxesten Glauben.

So verbindet vieles mich mit der kleinen Kirche am Berge, und am meisten liebe ich ihre Verborgenheit und magische Stille, ihr Sichverstecken, ihr Bestreben nach Unsichtbarkeit, ihre scheue Abwehr gegen Lärm und Menge, lauter Züge, in denen ich sie ganz und gar zu verstehen glaube. Aber einen Sonntag im Jahr gibt es, an dem gibt sie sich lächelnd her, lädt alle zu sich ein und segnet alle. Das ist ihr Jahresfest. Die goldene Madonna hat ihr Jahresfest nicht im Madonnenmonat, sondern jedes Jahr an einem Sonntage im September, um die Zeit, wo Grün und Fülle des Jahres zu Dunst und zartem Goldschimmer wird, wo in Traube und Apfel die Fruchtbarkeit und Lebensfreude sich siegreich ausdrückt und zugleich im gilbenden Laub das Lied der Vergänglichkeit so flehend klingt. In dieser Zeit des Jahres sind die Frommen der Gegend zur Madonna im Walde geladen, den ganzen Tag an diesem Tag verläßt sie ihre dämmrige Kirche und kommt in den Wald zu den Menschen und Vögeln und Schmetterlingen heraus. Dies jährliche Fest muß vor Zeiten, vor Jahrzehnten noch, unendlich schön und würdig gewesen sein. Heute ist es ein Jahrmarkt, mit Lärm, Klimbim und Spielerei, und die Menschen knien nicht mehr vor der Madonna im Gras und Farnkraut, sie stehen in modernen Sonntagskleidern und kommen sich schon duldsam vor, wenn sie beim Erscheinen der Madonna den Hut vom Kopfe nehmen. Nun, das ist nicht zu ändern, und ein Rest von Würde und Frömmigkeit ist immerhin noch da. Mir jedenfalls ist das Jahresfest dieser Madonna jedes Jahr, trotz dem und jenem, ein echtes Fest. Einmal habe ich dort den Bischof empfangen helfen und eine zarte Rede von ihm angehört, ein andermal war es bei kühlem, feuchtem Wetter ein stilles Fest mit sehr wenigen Besuchern, aber schön war es immer, und jedesmal habe ich irgendein Bild, einen Klang, einen Duft mitgenommen und habe jedesmal den Augenblick des Festes, der für mich der große ist, dankbar und ergriffen mitgefeiert.

Auch dieses Jahr war ich drüben, stieg am Morgen durch den feuchten Wald hinauf, schreckte viele Eidechsen aus dem Heidekraut, fand im feuchten Moos noch eine späte Cyclame blühen und kam gegen Mittag zur Kirche, wo mich fröhlicher Lärm empfing. Im Walde waren Buden aufgeschlagen, Fahnen wehten, und rote Luftballons, Kränze und Girlanden schmückten den Kirchenaufgang. Eine Musikkapelle war da und Händler mit Backwerk und Spielzeug, ein Wirt schenkte Wein und Kaffee, viele Familien lagerten im Grase und aßen Mittag, packten aus Körben, Säcken und Papieren ihr Brot, ihren Käse, ihre Trauben. Für die richtig Frommen war der Hauptteil des Festes schon vorüber: die vormittäglichen Messen. Für mich stand der hohe Augenblick des Festes noch bevor.

Ich traf Freunde, wir saßen im Walde, bekamen Wein, Brot, kaltes Fleisch, Kuchen, Pfirsiche. Fröhlichkeit umgab uns und Töne und Gestalten, die mir seit Jahren von allen ländlichen Festen der Gegend her vertraut waren. Mario mit der Gitarre war da, der in allen Sprachen der Welt singen kann; auch das Mädchen war da, das mit dem Munde die Töne einer Mandoline zum Täuschen nachahmen kann, und viele bekannte Figuren, auch Leute aus meinem Dorfe, denen gleich mir der Weg nicht zu weit gewesen war. Bei schallender Musik und im Lärm der Kindertrompeten tafelten wir unter den schon gelblich behauchten Bäumen, auf dieser schönen Waldterrasse, wo sonst das ganze Jahr eine so verzauberte Stille herrscht. Die meisten von diesen fröhlichen Menschen, welche da unter den Kastanien lagern, haben diesen Ort niemals in seiner Stille und Ewigkeit gesehen, sie kennen nur, Jahr um Jahr, diesen einen lauten Tag hier oben. Aber auch für mich bringt dieser Tag etwas Einziges, das Jahr um Jahr denselben tiefen Zauber hat.

Als die Tafelfreuden vorüber waren und die Menschen etwas stiller geworden, ordnete sich eine Prozession von Mädchen mit angehefteten Engelsflügeln. Ein großes Kreuz mit dem Heiland wird vorangetragen. Und nun kommt aus der Kirche hervor, aus dem Portal, das sie beinahe streift, und unter der aufstrahlenden Vorhalle hindurch, die Madonna gegangen, sie selber, die große Goldene, die sonst nur als warmer Goldschein im Kirchendämmer zu erblicken ist. Sie kommt gegangen, auf den Schultern der Träger leise schwankend, golden von der Krone im Haar bis zu den Füßen, aufleuchtend in der Herbstsonne, den kleinen Sohn auf den Armen, eine milde, schöne, innige Figur, Anmut und Würde, Hoheit und Zartheit strahlend. Dieser Augenblick ist mein Kirchenfest und Gottesdienst fürs ganze Jahr. Sie schwebt aus ihrem Hause, sie schwebt über den kleinen freien Platz, strahlt gleißend auf, daß es bis zum fernen See und den fernsten Schneebergen hinüberblitzt, und wendet sich, über all den entblößten Köpfen und Frauenkopftüchern, dem Walde zu, biegt unter den Girlanden hindurch auf den Farnkräutern waldeinwärts und entschwindet, goldglänzend, still in den Bäumen, die ihr heilig sind. Wir stehen, sehen sie verschwinden, halten die Hüte in der Hand und warten auf ihr Wiederkommen, und bald taucht sie wieder auf, von einer andern Richtung her, kommt samt Musik, Engeln, Priestern, Fahnen strahlend aus dem Walde hervor und kehrt zu ihrem Heiligtum zurück. Strahlend lächelt sie im goldnen Mantel, unter der goldenen Krone, und im Sonnenlicht und blendenden Goldschimmer macht sie es ebenso, wie ihr Gehäuse es so oft getan hat, sie erscheint bald, verschwindet bald, ist bald übernah und überdeutlich in goldener Pracht vor unseren Sinnen, bald im Geflimmer verschwunden und unsichtbar geworden. Ehe sie in die Kirche zurückkehrt, wird sie auf dem Rasen aufgestellt und angebetet, erst von Osten, dann von Süden, dann von Westen, dann von Norden. Und nun schwebt sie wieder hoch über den Menschen, biegt durch die Vorhalle ein, streift mit ihrer zitternden Goldkrone das Portal und taucht zurück in ihre Stille und heimatliche Dämmerung. Die jungen Mädchen lächeln, und wir Älteren sehen zu Boden und denken, während der goldene Wald nach Vergänglichkeit duftet: „Werden wir dich noch einmal wiedersehen, Goldene?"

Damit ist für mich das Fest zu Ende, nun ist es gut, sich auf den kleinen schmalen Ziegenpfad zu machen und heimzukehren, ehe die Dämmerung kommt, welche diese Wege ungangbar macht. Durch den Wald hinabsteigend, höre ich noch eine ganze Weile die Musik mir nachklingen, und im Zurückschauen sehe ich über den Baumwipfeln einen roten Kinderballon entfliegen, mit brennendem Rot am Himmel glühend.

Die Suche nach der Urmutter

Am Abend jenes Tages fand er in einem Kloster Obdach, wohnte am Morgen der Messe bei; wunderlich wallte es in seinem Herzen von tausend Erinnerungen, ergreifend heimatlich roch ihm die kühle Steinluft der Gewölbe, klang ihm das Klappern der Sandalen auf den Fliesengängen. Als die Messe vorüber und es still in der Klosterkirche geworden war, blieb Goldmund knien, sein Herz war wunderlich bewegt, er hatte nachts viel geträumt. Er empfand den Wunsch, sich irgendwie seiner Vergangenheit zu entledigen, irgendwie sein Leben zu ändern, er wußte nicht warum, vielleicht war es nur die Erinnerung an Mariabronn und an seine fromme Jugend, die ihn bewegte. Er fühlte sich getrieben, eine Beichte abzulegen und sich zu reinigen, viele kleine Sünden, viele kleine Laster waren zu bekennen, schwerer aber als alles lag der Tod Viktors auf ihm, der von seiner Hand gestorben war. Er fand einen Pater, dem legte er Beichte ab, über dies und jenes, besonders aber über die Messerstiche in des armen Viktors Hals und Rücken. O wie lange hatte er nicht gebeichtet! Zahl und Schwere seiner Sünden schien ihm beträchtlich, er wäre bereit gewesen, eine tüchtige Strafe dafür abzubüßen. Aber der Beichtvater schien das Leben der Fahrenden zu kennen, er entsetzte sich nicht, ruhig hörte er zu, ernst und freundlich tadelte er und mahnte, ohne an eine Verdammung zu denken.

Erleichtert erhob sich Goldmund, betete nach des Paters Vorschrift am Altar und wollte schon die Kirche wieder verlassen, da fiel ein Sonnenstrahl durch eines der Fenster, dem folgte sein Blick, und da sah er in einer Seitenkapelle eine Figur stehen, die sprach so sehr zu ihm und zog ihn an, daß er sich mit liebenden Augen zu ihr wendete und sie voll Andacht und tiefer Bewegung betrachtete. Es war eine Mutter Gottes aus Holz, die stand so zart und sanft geneigt, und wie der blaue Mantel von ihren schmalen Schultern niederfiel, und wie sie die zarte mädchenhafte Hand ausstreckte, und wie über einem schmerzlichen Mund die Augen blickten und die holde Stirn sich wölbte, das war alles so lebendig, so schön und innig und beseelt, wie er es nie gesehen zu haben meinte. Diesen Mund zu betrachten, diese liebe innige Bewegung des Halses, daran konnte er sich nicht ersättigen. Ihm schien, er sehe da etwas stehen, was er in Träumen und Ahnungen oft und oft schon gesehen, wonach er oft sich gesehnt habe. Mehrmals wandte er sich zum Gehen, und immer zog es ihn wieder zurück.

Da er endlich doch gehen wollte, stand hinter ihm der Pater, dem er vorher gebeichtet hatte.

„Du findest sie schön?" fragte er freundlich.

„Unaussprechlich schön", sagte Goldmund.

„Manche sagen das", sagte der Geistliche. „Und wieder andere sagen, das sei keine rechte Mutter Gottes, sie sei viel zu neumodisch und weltlich, und alles sei übertrieben und unwahr. Man hört viel darüber streiten. Dir also gefällt sie, das freut mich. Sie steht erst seit einem Jahr in unserer Kirche, ein Gönner unseres Hauses hat sie gestiftet. Sie ist vom Meister Niklaus gemacht."

„Meister Niklaus? Wer ist das, wo ist er? Kennt Ihr ihn? O bitte, sagt mir etwas von ihm! Es muß ein herrlicher und begnadetet Mann sein, der so etwas zu schaffen vermag."

„Ich weiß nicht viel von ihm. Er ist Bildschnitzer in unserer Bischofsstadt, eine Tagreise von hier, und hat als Künstler einen großen Ruf. Künstler pflegen keine Heilige zu sein, und auch er ist wohl keiner, aber ein begabter und hochgesinnter Mann ist er gewiß. Gesehen habe ich ihn manchmal ..."

„Oh, Ihr habt ihn gesehen! Oh, wie sieht er aus?"

„Mein Sohn, du scheinst ja ganz bezaubert von ihm zu sein. Nun, so suche ihn auf und sage ihm einen Gruß vom Pater Bonifazius."

Goldmund dankte überschwenglich. Lächelnd ging der Pater davon, er aber stand noch lange vor dieser geheimnisvollen Figur, deren Brust zu atmen schien und in deren Gesicht so viel Schmerz und so viel Süße beisammenwohnte, daß es ihm das Herz zusammenzog.

Verwandelt trat er aus der Kirche, durch eine ganz und gar veränderte Welt trugen ihn seine Schritte. Seit jenem Augenblick vor der süßen, heiligen Figur aus Holz besaß Goldmund etwas, *was er noch nie besessen,* was er an andern so oft belächelt oder beneidet hatte: ein Ziel! Er hatte ein Ziel, und vielleicht würde er es erreichen, und vielleicht würde dann sein ganzes, zerfahrenes Leben einen hohen Sinn und Wert bekommen. (...)

Beklommen und doch sehr glücklich stand er vor dem Haus des Meisters, schaute zu den Fenstern hinauf und wäre beinah hineingelaufen. Doch fiel ihm ein, daß es schon spät und daß er verschwitzt und staubig vom Tagesmarsch sei, und er bezwang sich und wartete. Aber er stand noch lange Zeit vor dem Hause. Er sah ein Fenster hell werden, und eben als er sich zum Gehen wandte, sah er eine Gestalt ans Fenster treten, ein sehr schönes blondes Mädchen, durch deren Haar von hinten der sanfte Ampelschimmer floß.

Am andern Morgen, als die Stadt wieder wach und laut geworden war, wusch sich Goldmund in dem Kloster, dessen Nachtgast er gewesen war, Gesicht und Hände, klopfte den Staub von Kleidern und Schuhen, suchte sich in jene Gasse zurück und pochte am Haustor. Es kam eine Magd, die wollte ihn nicht gleich zum Meister führen, aber es gelang ihm, die alte Frau zu erweichen, und sie führte ihn doch hinein. In einem kleinen Saal, der seine Werkstatt war, stand in einer Arbeitsschürze der Meister, ein bärtiger großer Mann von vierzig oder fünfzig Jahren, wie es Goldmund schien. Er sah den Fremden aus hellblauen scharfen Augen an und fragte kurz, was er begehre. Goldmund richtete den Gruß des Paters Bonifazius aus.

„Weiter nichts?"

„Meister", sagte Goldmund mit beengtem Atem, „ich habe Eure Mutter Gottes dort im Kloster gesehen. Ach, schauet mich nicht so unfreundlich an, es ist lauter Liebe und Verehrung, was mich zu Euch führte. Ich bin nicht ängstlich, ich habe lang auf Wanderung gelebt und den Wald und den Schnee und den Hunger geschmeckt, es gibt keinen Menschen, vor dem ich Furcht haben könnte. Aber vor Euch habe ich Furcht. Oh, ich habe einen einzigen, großen Wunsch, von dem ist mein Herz so voll, daß es weh tut."

„Was ist denn das für ein Wunsch?"

„Ich möchte Euer Lehrling werden und bei Euch lernen."

[Nach mehr als einem Jahr Arbeit in der Werkstatt des Meisters:]

Goldmund ging zum Hause des Meisters, es war gegen Mittag, er wartete, bis er hörte, daß Niklaus drinnen seine Arbeit verließ und die Hände wusch. Da trat er zu ihm herein.

„Lasset mich ein paar Worte zu Euch sagen, Meister, es kann geschehen, während Ihr Eure Hände waschet und den Rock anzieht. Ich verdurste nach einem Mundvoll Wahrheit, ich möchte Euch etwas sagen, was ich vielleicht gerade jetzt sagen kann und dann nicht wieder. Es steht so mit mir, daß ich mit einem Menschen sprechen muß, und Ihr seid der einzige, der es vielleicht verstehen kann. Ich spreche nicht zu dem Mann, der eine berühmte Werkstatt hat und der von Städten und Klöstern alle die ehrenvollen Aufträge empfängt und zwei Gehilfen und ein schönes reiches Haus hat. Ich spreche zu dem Meister, der die Mutter Gottes im Kloster draußen gemacht hat, das schönste Bild, das ich kenne. Diesen Mann habe ich geliebt und verehrt, seinesgleichen zu werden schien mir das höchste Ziel auf Erden. Ich habe jetzt eine Figur gemacht, den Johannes, und konnte ihn nicht so vollkommen machen, wie Eure Mutter

Gottes ist; aber er ist nun eben so, wie er ist. Eine andere Figur habe ich nicht zu machen, es ist keine vorhanden, die mich verlangt und sie zu machen zwingt. Vielmehr, es ist eine vorhanden, ein fernes heiliges Bild, das ich einmal werde machen müssen, das ich aber heute noch nicht machen kann. Um es machen zu können, muß ich noch viel mehr erfahren und erleben. Vielleicht kann ich es in drei, vier Jahren machen, oder in zehn Jahren oder später, oder auch niemals. Bis dahin aber, Meister, will ich nicht Handwerk treiben und Figuren lackieren und Kanzeln schnitzen und ein Handwerkerleben in der Werkstatt führen und Geld verdienen und so werden, wie alle Handwerker sind, nein, das will ich nicht, sondern ich will leben und wandern, Sommer und Winter spüren, die Welt ansehen und ihre Schönheit und ihr Grauen kosten. Ich will Hunger und Durst erleiden und will das alles wieder vergessen und loswerden, was ich hier bei Euch gelebt und gelernt habe. Ich möchte wohl einmal etwas so Schönes und tief ans Herz Rührendes machen, wie Eure Mutter Gottes ist – aber so werden wie Ihr und so leben, wie Ihr lebet, das will ich nicht." (...)

Unbefriedigt lief Goldmund weg. Der Meister meinte es gut mit ihm, aber was konnte er ihm helfen?

Am Fluß kannte er eine Stelle, dort war das Wasser nicht tief und strömte über einen Grund voll Gerümpel und Abfall, aus den Häusern der Fischervorstadt wurde dort allerlei Kehricht in den Fluß geworfen. Dahin ging er, setzte sich auf die Ufermauer und blickte ins Wasser hinab. Wasser liebte er sehr, jedes Wasser zog ihn an. Und wenn man von hier aus durch das strömende, kristallfädige Wasser hinabschaute auf den dunklen undeutlichen Grund, dann sah man hier und dort irgend etwas mit gedämpftem Goldglanz aufblinken und verlockend glitzern, unerkennbare Dinge, vielleicht eine alte Tellerscherbe oder eine weggeworfene verbogene Sichel oder einen lichten glatten Stein oder glasierten Ziegel, manchmal auch mochte es ein Schlammfisch sein, eine feiste Trüsche oder ein Rotauge, das sich da unten umdrehte und einen Augenblick auf den hellen Bauchflossen und Schuppen einen Lichtstrahl auffing – niemals konnte man genau erkennen, was es eigentlich sei, immer aber war es zauberhaft schön und verlockend, dies kurze gedämpfte Aufblinken versunkener Goldschätze im nassen schwarzen Grunde. So wie dies kleine Wassergeheimnis, schien ihm, waren alle echten Geheimnisse, alle wirklichen, echten Bilder der Seele: sie hatten keinen Umriß, sie hatten keine Form, sie ließen sie nur wie eine ferne schöne Möglichkeit ahnen, sie waren verschleiert und vieldeutig. Wie da in der Dämmerung der grünen Flußtiefe für zuckende Augenblicke etwas unsäglich Goldenes oder Silbernes herblinkte, ein Nichts und doch voll seligster Versprechungen, ebenso konnte das verlorene Profil eines Menschen, halb von hinten gesehen, manchmal etwas unendlich Schönes oder unerhört Trauriges ankündigen, oder auch: wie unter einem nächtlichen Lastwagen eine Laterne hing und die sich drehenden riesigen Schatten der Radspeichen an die Mauern malte, konnte dies Schattenspiel eine Minute lang so voll von Anblicken, Geschehnissen und Geschichten sein wie der ganze Vergil. Aus demselben unwirklichen, magischen Stoff waren nachts die Träume gewoben, ein Nichts, das alle Bilder der Welt in sich enthielt, ein Wasser, in dessen Kristall die Formen aller Menschen, Tiere, Engel und Dämonen als allzeit wache Möglichkeiten wohnten. (...)

Warum waren denn diese Dinge so schön, dies Goldgeleucht unterm Wasser, diese Schatten und Ahnungen, alle diese unwirklichen und feenhaften Erscheinungen – warum waren sie denn so unsäglich schön und beglückend, da sie doch genau das Gegenteil von dem waren, was ein Künstler Schönes machen konnte? Denn wenn die Schönheit jener unnennbaren Dinge ohne jede Form war und ganz nur aus Geheimnis bestand, so war es ja bei Werken der Kunst gerade umgekehrt, sie waren ganz und gar Form, sie sprachen vollkommen klar. Nichts war unerbittlich klarer und bestimmter als die Linie eines gezeichneten oder in Holz geschnittenen Kopfes oder Mundes. Genau, haargenau hätte er die Unterlippe oder die Augenlider von Niklaus' Marienfigur nachzuzeichnen vermocht; da gab es nichts Unbestimmtes, Täuschendes, Zerfließendes.

Goldmund dachte hingegeben darüber nach. Es wurde ihm nicht klar, wie es möglich sei, daß das denkbar Bestimmteste und Geformteste ganz ähnlich auf die Seele wirke wie das Ungreifbarste und Gestaltloseste. Eines aber wurde ihm bei dieser Gedankenübung dennoch klar, nämlich warum so viele tadellose und gutgemachte Kunstwerke ihm ganz und gar nicht gefielen, sondern trotz einer gewissen Schönheit ihm langweilig und beinah verhaßt waren. Werkstätten, Kirchen und Paläste waren voll von solchen fatalen Kunstwerken, er selber hatte an einigen mitgearbeitet. Sie waren so schwer enttäuschend, weil sie das Verlangen nach Höchstem erweckten und es doch nicht erfüllten, weil ihnen die Hauptsache fehlte: das Geheimnis. Das war es, was Traum und höchstes Kunstwerk Gemeinsames hatten: das Geheimnis.

Weiter dachte Goldmund: ein Geheimnis ist es, das ich liebe, dem ich auf der Spur bin, das ich mehrmals habe aufblitzen sehen und das ich als Künstler, wenn es mir einmal möglich sein wird, darstellen und zum Sprechen bringen möchte. Es ist die Gestalt der großen Gebärerin, der Urmutter, und ihr Geheimnis besteht nicht, wie das einer anderen Figur, in dieser oder jener Einzelheit, in besonderer Fülle oder Magerkeit, Derbheit oder Zierlichkeit, Kraft oder Anmut, sondern es besteht darin, daß die größten Gegensätze der Welt, die sonst unvereinbar sind, in dieser Gestalt Frieden geschlossen haben und beisammenwohnen: Geburt und Tod, Güte und Grausamkeit, Leben und Vernichtung.

Hätte ich diese Figur mir ausgesonnen, wäre sie nur mein Gedankenspiel oder ein ehrgeiziger Künstlerwunsch, so wäre es nicht schade um sie, ich könnte ihren Fehler einsehen und sie vergessen. Aber die Urmutter ist kein Gedanke, denn ich habe sie nicht erdacht, sondern gesehen! Sie lebt in mir, immer wieder ist sie mir begegnet. Zuerst habe ich sie geahnt, als ich in einem Dorf, in einer Winternacht, über dem Bett einer gebärenden Bäuerin das Licht halten mußte: damals fing das Bild in mir zu leben an. Oft ist es ferne und verloren, lange Zeit; aber plötzlich zuckt es wieder auf, auch heute wieder. Das Bild meiner eigenen Mutter, einst mein liebstes, hat sich ganz in dies neue Bild verwandelt, es ist in ihm drinnen wie der Kern in einer Kirsche.

Deutlich fühlte er jetzt seine augenblickliche Lage, das Bangen vor einer Entscheidung. Er war, nicht minder als damals beim Abschied von Narziß und dem Kloster, auf einem wichtigen Wege: dem Wege zur Mutter. Vielleicht würde einmal aus der Mutter ein allen sichtbares, gestaltetes Bild werden, ein Werk seiner Hände. Vielleicht lag dort das Ziel, war dort der Sinn des Lebens verborgen. Vielleicht; er wußte es nicht. Eines aber wußte er: der Mutter zu folgen, zu ihr unterwegs zu sein, von ihr gezogen und gerufen zu werden, das war gut, das war Leben. Vielleicht konnte er nie ihr Bild gestalten, vielleicht blieb sie immer Traum, Ahnung, Lockung, goldenes Aufblinken heiligen Geheimnisses. Nun, auf jeden Fall hatte er ihr zu folgen, ihr hatte er sein Schicksal anheimzustellen, sie war sein Stern.

Alfred Döblin

Die Flucht aus dem Himmel

Grauer endloser Wiesenplan. Schwer verschattete Luft. Lautlose Schmetterlinge im hellen Klee, Lupinen, verwachsenes wüstes Ginstergebüsch, starre Haferhalme. Keine Buche im versinkenden schwammigen Boden, keine Aloe, Palme. In der Ferne – wie weit – eine tiefe schwarze Regsamkeit, rauchend an das Himmelsdach, eine mattblinkende Masse, Metallmasse von Blei und Zinn, ungeheuer. Schwache Linien, Biegungen, ein Knie umrissen, von einer Hüfte eine Falte abwärts gespannt, Bewegung wie der Sturz einer Sandlawine. Der Rumpf, wo mochte der Rumpf sein. Die Arme, wo mochten sie sich, bis zu welcher Höhe sich erheben. Keines Kopfes schien diese Masse, diese Wolkenwand zu bedürfen. Ihr Anblick so erschütternd, Zungen lähmend. Kein Ich konnte hier bestehen bleiben, tiefste Bewußtlosigkeit strömte die Masse aus.

Gekauert auf einer beblümten Bodenwelle, die eigenen Kniee mit den Armen umschlingend, mitten im fahlen Grün ein junger bärtiger blasser Mann. Im Purpurmantel, eine Kaiserkrone auf dem rotblonden dünnen Haar, so von Brillanten blitzend, daß die Wiese weithin schimmerte; die Finsternis durchbrochen von diesen furchtbar einsamen Blitzen. Die Krone im Nächtigen schwebend wie eine Ampel an unsichtbaren Ketten. Er trug die Kaiserkrone der irdischen Welt, er hatte sie niemandem zurückgelassen in der Welt. Öfter nahm er sie ab, während er sich nach rechts und links schaukelte. Die zarten durchbluteten Hände wie in glühende Asche getaucht, glücklich sein Gesicht, vor der Brust hinter den beiden Goldspangen raschelte das verwelkte Sträußchen Magdalenens.

Einmal trug er nicht diese Krone. Einen sommerlichen

Mantel von Veilchenfarbe hatte er an, die Haare fielen ihm knabenhaft über die unruhige Stirn auf den bloßen dürren Hals, in den von Wirbeln durchfurchten Nacken. Seinen Nacken hielt Maria mit beiden weichen Armen umschlossen, während sie kniete und ihr zerknüllter Mantel losgelassen rückwärts über Fersen und Fußsohlen fiel; Helligkeit einer Morgendämmerung ging von ihr aus. Sie knieten nebeneinander, stierten abwärts, stierten die Erde an. Die Erde geöffnet, die Länder rauchten. Jesus weinte, Maria konnte ihn nicht besänftigen. „Wie wäre ich dein Sohn, Maria", atmete er, „wenn ich mich beruhigen könnte." Sie trocknete ihr Gesicht, ihr bernsteingelbes langes Haar knotete sie über Stirn, Augen und Nase, Mund, glitt blind gegen das ferne furchtbare Schweigen. Unter dem kalten Hauch warf sie sich hin. Dumpf die Haare zerbeißend, barmte sie wie schon tausendmal um die Erde. Kein Laut. Schärfer, schneidend die Kälte. Sie wich.

Als Jesus die Mutter kommen sah mit dem ungeöffneten Gesicht, weiße Blasen über den Armen, die Hände glanzrot gequollen, der Mund mahlend, schob er ihre Haare in die Höh, rieb sie warm, Gesicht an Gesicht. Hob ihre Hände von seinen Schultern ab. Maria sprach kein Wort, lag allein mit dem Gesicht im Gras.

Der Vater ließ ihn gehen, noch nie hatte der Sohn mit solcher Inbrunst den glasharten Boden zu seinen Füßen geküßt.

Und dann geschah das Unerhörte, daß Jesus verschwand aus dem Himmel, dem Ungeheuren aus den Augen verloren, Maria verzweifelt geworfen auf den Rücken zweier Wildgänse, damit Gott ihr Schreien nicht hörte vor dem Geschrei der Vögel. Sie ging ihn suchen über die Länder, lief, lief, die Gänse trugen sie über das Wasser, sie fand ihn in Palästina. Klein, in einen graugrünen Rock gekleidet, in armseligen Sandalen kroch er zwischen Tagelöhnern, Handwerkern, ein rötlicher Spitzbart nach vorn umgebogen war ihm gewachsen, seine Augen so strahlend blaßblau, daß man sah, diese Augen konnten niemals weinen. Maria schrillte vor Entsetzen, als sie ihn an dem mageren Hals, langsamen Schritt erkannte, daß es bis über die Berge nach Akkon und bis über das Meer nach Rhodos Lydien Chios gehört wurde.

Und das ungeheure Wesen oben, aus überweltlichem Sinnen durch ihr Stöhnen geweckt, erkannte dort im syrischen Land den Sohn, der die hinsinkende Frau bei den Schultern hielt. Ihn hungerte plötzlich auf nach dem Anblick. Seinen Rumpf warf er tief vor, daß ein Krachen erscholl, Bersten, Splittern eherner Gebirge. Was sagte dieses Stöhnen? Hatten sie die Göttlichkeit satt, wollten sie Menschen werden, trieb es sie nach neuen Gelüsten? Es schwälte um ihn, der Zorn rauchte über seine Brust, er fühlte sich gezwungen, wegzublicken, seine Schulter schob sich zurück.

Die berieselten Ebenen, Männer, Straßen, Alleen tragend, verbrannte Berge, Täler versenkend mit schwarzen Waldungen, hinunter schiebend gegen die Flüsse, grüne Olivenhaine, Weidenpflanzungen, Felder mit Mais, starrem Zuckerrohr. Warme Luftströme über den Flächen, am heißen galiläischen Meer Heu in Stapeln. Unter den Gehetzten der Ebene Maria. Sah sich blind an ihrer Bosheit, Niedrigkeit, an ihrem Gram, ihrer Betäubung. Das Lager bereiten, abnehmen, Gebete gießen über die verkrampften Herzen. Römer trunksüchtig des Morgens mit harten Schritten über die eroberten Straßen klirrend, die Tunika wallend, hohe Schnürschuhe, nackte Kniee, Verachtung um die leeren, glatten Lippen. Schlaue schwarze Phönizier aus flachen Galeeren vom Meere aufgestiegen, feilschend mit Mastiks, steifen Brokaten, losen Seidenstoffen. Ausgesogene scheue Judäer. Klagende mit Aussatz. Heran Menschenherden, unter griechischem Geschrei vom Libanon getrieben, Rudel sanfter Knaben, plattgesichtiger Mädchen, Tataren, Slovenen vom schwarzen Meer, unter Peitschenhieben, Stockschlägen hinüber auf die Sklavenschiffe.

Als Jesus die Männer auf den prächtigen Seidenschuhen sah, gesalbt die Haare, Bärte mit Goldfäden durchflochten, als die Frauen summend die Tempelstufen herunterstiegen in bunten langen Gewändern, anschmiegenden Geweben, hängenden weiten Ärmeln, schenkte er seiner Mutter ein rosenrotes vielfaltiges Kleid mit Brokatgürtel und einer gläsernen Schnalle, darüber legte er einen meergrünen Mantel mit Goldborte, blumenbestickt, hermelingefüttert, zwei Perlenschließen hielten ihn über der Brust zusammen; der hauchartige Seidenschleier, von der dünnen Stirnspange gehalten, bauschte sich fein neben den angeglühten Wangen vor den bittenden Lippen. Sie warf die Kleider, Perlen, Gürtel geklumpt von sich vor die Kinder. Denn er selbst, der eingeborene Sohn Gottes, der sich verleugnete, dachte an nichts als Suchen unter Sklaven, Bettlern, Kranken, Reichen, Gelehrten. Er blickte ihnen unter die Augen. So weit vergaß er sich, daß er Tote erweckte, die doch schon glücklich waren, daß sie ihr Schicksal von der Erde hinweggerafft hatte, Tote noch einmal zu diesem Leben, als hätte er ein ganz neues Dasein für sie vor. Er schien eine neue Welt schaffen zu wollen unter den Menschen, den Überwucherten, ein Umschöpfer, Gegenschöpfer.

Die Erregung wuchs in dem Himmlischen oben. War dies eine Verschwörung wie vor grauen Zeiten? Schon rieselten, drehten sich die grauen Massen, das Metall kräuselte, hob sich, rollte ab in bläulich flammenden Spiralen. Im Grimm hielt er an sich, es sollte sich alles bis zu Ende erfüllen.

Es geschah, wie er gefürchtet hatte. Hier wollte jemand die Menschen umgießen, gegen ihn, gegen Gott. Maria und Jesus liefen Arm in Arm über die Länder, schienen nicht zu wissen, von wo sie stammten, nur die göttlichen Mächte, die in ihnen wohnten, zu verschütten. Was hat Syrien in jenen Tagen gesehen, welche Flammen hauchten Menschen, Tiere, Pflanzen an.

Und wie die Bitterkeit in Gott wuchs, wurde Jesus stiller. Er veränderte sich, es legte sich über ihn die sonderbare Ruhe, mit der Maria nicht fertig wurde, so daß sie sich mitten im Glück an jenen Abschied erinnerte im Himmel, an die tiefe Inbrunst des Abschieds Jesus' von seinem Vater. Die Angst wurde sie nicht los, wie sehr er sie beruhigte. Er schenkte ihr neue Perlenschuhe, liebkosend bat, drängte er sie, ihn seine schmutzigen Wege allein treten zu lassen.

Und da wurde ihm plötzlich über Nacht klar, unter einer Sykomore zwischen seinen schlafenden Begleitern hingestreckt, während die funkelnden Gestirne langsam über die schwarze Himmelswölbung hinaufstiegen: daß sie ihn nicht wollten, die Menschen, daß sie ihn nicht mochten, seine Liebe nicht, Marias Liebe nicht. Und daß er sie reizte, weil er nicht von ihnen ging.

Seine Ruhe wurde tiefer; als der Tag kam, ließ er nicht ab, zu tun wie vorher. Er reizte sie weiter mit Plan, oh er war kein Rebell, er wußte, daß hier für Liebe kein Platz war, er hatte etwas anderes vor. Maria flehte ihn an, sein menschliches Kleid von sich zu werfen. Und jäh war er enthüllt, als er im Regen bei Galiläa auf einem Weinberg sie an die Brust zog und sagte: „Könnte ich es, wäre ich dann dein Sohn?" Sie warf sich hin, zerriß ihr Gesicht. Sie verließ ihn, fuhr zum Himmel, in die Nähe des Ungeheuren suchte sie zu dringen, seine Schulter zu berühren um Beistand. Aber der Himmlische war nur glücklich über ihr Weinen; diese war keine Abtrünnige und war zu tief gespannt. Denn er fühlte, sein Sohn begann auf Erden zu ihm zu sprechen. Er fühlte, was dort geschah, wessen sich sein Sohn unterfing, geschah für ihn, und daß es für ihn war, was er dort sprach, so wie der Sohn zum Vater spricht, ehrerbietig und stolz, selbständig, Gottes Sohn zu Gott dem Vater. Wie Jesus nicht nachließ. Wie er seine Mutter tröstete, die sich entsetzt von den Menschen abwandte, die Menschen zu erweichen suchte, sich vor ihr Kind stellte, klagend. Er beschwor sie, er gebe nicht nach. Sie weinte über die Menschen hin, dies sei ein Gott, ihr Sohn, der sich verleugne. „Ich hab es nicht gewollt", schrie sie, „dies gab ich dir nicht auf den Weg." Sie faßte ihn bei der Hand, zerrte ihn vor die Strafhäuser, zeigte ihm die schmerzgeborstenen Gefangenen, Pein, Marter der Richtstätte. Er lächelte. Das Volk höhnte über den Gott aus dem Fischerdorf Palästinas, es gebe schon zu viel Götter. Er ging seinen Weg. Keinen Finger bewegte der Vater.

So tief hatte Jesus den Schmerz nicht vermutet, wie der ist, den Menschen erleiden können, den er an dem Querbaum vor dem Stadttor erlitt. Der Vater, in einer Lähmung willenlos, konnte nicht wegsehen. So tief war Jesus Mensch geworden, daß er aufschrie, am Holz hängend: „Vater, hast du mich verlassen?" Und doch nicht nachgab und nicht die göttliche Maske über sein Gesicht zog. Sein Mund vertrocknet, die abgedrehten Augen fischweiß überhäutet, sein Leib aufgerissen. Es war nicht nur das Leuchten am Himmel, das schwefelgelbe, das anzeigte, Gott habe sich bewegt.

Jesus fuhr auf zum Himmel, mit Schrecken sahen es, die ihn angenagelt hatten. Über den Fuß Gottes lag er gekrümmt, zertrümmert, eine weiche Masse. Der Himmel und die Ewigkeit hatten nie solchen Augenblick erlebt wie diesen.

„Ich habe dich nicht verlassen", tönte es in seinen Ohren. Er röchelte aus der Erstarrung auf, sank schwer zusammen. Goldene Blicke auf seinen blutrünstigen gebeugten Schultern, entfleischtem Schädel, durchlöcherten Armen. Heftiger atmete er, lächelte betäubt in die Steine hinein, weinte, streckte sich lang hin. „Maria", seufzte er, „meine Mutter." „Ich habe dich nicht verlassen", tönte es. Er schloß die Augen. Er wußte, die Menschheit konnte gerettet werden.

Heinrich Böll

Köln I

Für Joseph Faßbender

Wer an Kanälen lauscht
kann sie hören
in Labyrinthen
unter der Stadt
über Geröll, Scherben, Gebein
stolpert die Madonna
hinter Venus her
sie zu bekehren
vergebens
vergebens ihr Sohn hinter Dionys
vergebens Gereon hinter Caesar
Hohnlachen
wer an Kanälen lauscht
kann es hören

Der dunklen Mutter
durch Geschichte
nicht gebessert
steht Schmutz
gut zu Gesicht
in Labyrinthen
unter der Stadt
verkuppelt sie die Madonna
an Dionys
versöhnt den Sohn mit Venus
zwingt Gereon und Caesar
zur Großen Koalition
sich selbst verkuppelt sie
an alle die guter Münze sind

Margarete Hannsmann

Madonna der Gmünder Johanniskirche

I
steinern
aber wer sie herausschlug
wollte stummeres
blicklos
nahm
sich Jahrtausende körperloser
Göttinnen hinter sieben Meeren
als Modell
den Mann im Schoß

keins allein
zusammen erst
Pantokrator
jenseits der Kreuze

nur das gefältelte Kleid der Tragenden
des Getragnen erbarmt sich unser

wußte der die Segenshand machte
welchen Spruch über den Apfel sie spricht
oder dachte er an einen
Hals für diese Krone?

II
längst sind die Verwitterungen
rings um sie köstlicher
als renovierte
Einhörner Lilien Sebastiane

doch die Spur an ihrem Kinn
weiß schon den Tag der Kopie

III

weil die Erosion von zehn Jahren
Schwefel Blei Kohlenwasserstoff
sie mehr traf als siebenhundert
Sommer Frost
Stürme vom Hornberg herüber
wird man sie wegnehmen

aus dem Treiben
aus der südwestlichen Abendsonne
aus dem was sie betrifft:
Kot der Taube
die auf dem Kopf ihres Sohnes sitzt

man wird sie wegnehmen
eh Kohlenmonoxyd
Schwefel Blei
sie zur Gorgo verwandelt

Gertrud Fussenegger

Mondherrin mit dem Kind

Mondherrin mit dem Kind:
sie hält den Apfel
der Sohn berührt ihn
unter den Knien der Mutter
wacht das Auge.

Dreigestirn. Wer ermißt
wie seine Bahnen
die flinke Übereinkunft
der achtzehn Unbekannten
sekündlich überrunden?

Denn was hielte wohl
den Sohn im Arm der Mutter, was
Auf- und Untergang und die Gezeiten
immer bereit und im Spiel
sehr geduldig
wenn nicht die Frucht

die ein nie beschriebener Gärtner
vom Weltbaum gepflückt
über die Mauer geworfen
damit sie reife
in ihren Händen,

nein, zwischen Hand
und Hand.

Luise Rinser

Und die Madonna?

Und die Madonna? Aus einem Gespräch mit zwei Studentinnen, eine ist Theologin, die andre Psychologin, beide sind praktizierende Katholiken. Sie kamen zu mir mit mehr oder minder präzisen Fragen. Die Themen: Weltangst, Widersprüche in der Kirche, der reaktionäre Papst, die bleibende Zweitrangigkeit der Frau in der Kirche, die Verweigerung der Priesterweihe der Frau, die Rollenunsicherheit auch der emanzipierten Frauen heute, die Marienverehrung [die beide Studentinnen nicht vollziehen können]. Alle Fragen kreisen um das Thema Frau, und immer wieder kommen wir in unsern Gesprächen auf die Madonna zurück. M. ist empört darüber, daß man in der Kirche die Frau zur Madonna [Jungfrau-Mutter] erhöht, um die konkrete Frau nicht erhöhen zu müssen. Was in der Kirche gilt: die Madonna, die Hure [das Negativbild] und das graue Heer der braven Gebärerinnen und Kirchenfüllerinnen. Woher der Miß-Stand? Ich habe schon vor vielen Jahren meine Meinung dazu aufgeschrieben. Damals war mir schon klar, daß die Ursache der Negativ-Wertung der Frau aus einem tiefen Mißverständnis kommt: aus der falschen Identifizierung zweier Begriffspaare: Mann und männlich, Weib [Frau] und weiblich. Das Männliche und das Weibliche: die polaren Kräfte im Kosmos, im Makro- wie im Mikrokosmos, also auch im einzelnen Menschen. Die Spannung zwischen den Polen als Ursache von Schöpfungen. Das Männliche: der Geist, das Zeugende, das Herrscherliche, die Vater-Autorität. Das Weibliche: die Materie, das Empfangende, das Dienstbare.

Gut. Aber gehört das Männliche nur dem Manne zu, das Weibliche nur der Frau? Wir wissen doch längst, daß jeder

Mensch Männliches und Weibliches hat, also in sich selbst die Polarität Geist – Materie. Animus und Anima, wie C. G. Jung es nannte. Yang und Yin, wie es die Ostasiaten nennen. Jeder Magnet hat zwei Pole und behält sie, so oft man ihn auch teilt: die Spannung bleibt.

Warum hat der Mann seine eigene Anima verleugnet? Warum will er nur als Geist gelten, nicht als Materie? Warum zählt für ihn nur der Intellekt, die Logik, nicht aber die Intuition, das Gefühl, der Traum? Als ob seine eigenen Schöpfungen nicht ursprünglich Träume, Gefühle, Utopien gewesen wären, also aus der Tiefe seiner Anima stammend!

Aber da spukt nun die Religion hinein: erst die jüdische, dann die rechtmäßige Erbin: die christliche. Jehowah ist ein Mann, sagt man. Der Gott ist ein Mann, weil er Geist ist? Und Geist ist männlich. Da ist kein Raum für die Frau. Man übersah, daß schon im Alten Testament eine Frau mitspielt: die Sophia, die Weisheit, die vor dem Schöpfergott tanzte und sang. Der Heilige Geist des Neuen Testaments: er ist diese Sophia, er ist das Weibliche. So ist es auch dargestellt in der kleinen byzantinischen Kirche in Urschalling am Chiemsee: die mittlere der drei göttlichen Personen ist eine Frau. [Daß sie in der Mitte ist, wo nach unsern Vorstellungen der Sohn hingehört, ist eine Frage für sich.]

Wann, warum, wozu hat der Mann das Weibliche in sich nicht mehr gelten und wirken lassen? Weil es ihn in seiner Aggressivität gestört hätte. Weil es ihn gezwungen hätte, auch die Frau anzuerkennen als gleichwertige Partnerin, weil das sein ganzes Weltbild und seine jahrtausendalten Gewohnheiten über den Haufen geworfen hätte. Weil es nicht mehr der Herr gewesen wäre. Darin bestärkte ihn nicht nur das Judentum, sondern auch der Hellenismus: wenn er schon nicht gnostisch die Materie für das Böse gehalten hat, so hielt er sie doch für das Minderwertige. Materie, das ist nur Material für den Geist. In sich hat sie keinen

Wert. Oder vielmehr: sie ist das zu Überwindende, das Niedere, das Fleisch. Materie: Mater, Mutter. Das bedeutet die Identifizierung der Materie mit der Mutter, mit dem Reich der Mütter, mit der Frau. Nun hatte man sauber getrennt: hie Geist, Mann, Männliches, dort Materie, Frau, Weibliches. Da der Mann aber, dem verpflichtet, was er als Geist ansah, nichts Niederes in sich duldete, projizierte er das vermeintlich Niedere, seine Anima, aus sich hinaus auf die Frau. Das, was er für böse oder doch für minderwertig hielt, das sah er also in der Frau, seinem „Sündenbock". Daher die Angst vieler Kleriker vor der Frau: es ist die Angst vor ihrem eigenen Anima-Teil, vor ihrer Geschlechtlichkeit. Die war nun nicht mehr in ihnen, sondern wurde ihm von außen her angeboten in der Eva, der Verführerin. Da er aber nicht umhin kann, das Weibliche im Kosmos und im Alltagsleben zu sehen, mußte man eine Teilung vornehmen: da ist nun das Weib als Fleisch, als Materia, als der Ungeist, als die Verführerin, die Hure, und dort ist sie als die Reinste, die Geistigste, die Madonna, die selbst als Gebärerin Jungfrau blieb, seelisch nicht nur, sondern auch körperlich. Und da sind wir also bei der Madonnen-Verehrung.

Daß die beiden jungen Frauen eben diese nicht mögen, versteht sich. Wo ist die konkrete Frau in diesem Weltbild?

Man versteht, daß die Protestanten dieses Spiel nicht mitspielten. Luther heiratete, die Pastoren dürfen heiraten, Frauen werden ordiniert. Aber schleicht sich nicht auch bei ihnen nach Jahrhunderten der Marienkult wieder ein? Und ist das falsch? Sollte die Madonna nicht auch bei uns neu gesehen werden? Ist die neue Epoche der Geschichte des Menschen nicht schon deutlich erkennbar verbunden mit dem, was auf sozio-politischer Ebene die Emanzipation der Frau ist und auf psychologischer Ebene die Aufwertung der Anima? Steigt nicht das Patriarchat unaufhaltsam ab, sich noch in Kriegen austobend, während der Wille zum Frieden, zum Hegen des Lebens, zum Schutz der Erde, zur Verweigerung des Tötens zaghaft, aber sicher aufsteigt?

Glauben wir denn noch, daß Gott ein Mann ist? Wäre das nicht geradezu eine Negierung der göttlichen Vollkommenheit, fehlte ihm ein Teil der Welt: das Weibliche? Gott ist Mann-und-Frau. Animus-Anima.

Und Maria?

Ich habe endlich eine Auftragsarbeit gemacht, die ich lange innerlich ablehnte, aber nie absagte. Ich ahnte nicht, wohin sie mich tragen würde. Ein braver frommer Auftrag: die Zwischentexte zu schreiben für eine Schallplatte mit der Musik Haydns ‚Die sieben Worte Jesu am Kreuz'. Da stieß ich nun auf den Satz, den ich hundertmal gehört und gelesen hatte, ohne ihn je zu reflektieren oder zu meditieren: „Sohn, sieh deine Mutter, Mutter, sieh deinen Sohn." Was ging denn da vor sich? Es scheint ganz simpel und könnte sich an jedem Sterbebett ereignen: ein Sohn bittet den Freund, sich nach seinem Tod seiner Mutter anzunehmen, und er bittet die Mutter, den Freund fortan als Sohn zu betrachten. Das wäre simpel, wäre der Sterbende nicht der Christus und wäre sein Sterben nicht ein kosmisches Ereignis, bei dem die Erde bebte, die Sonne erlosch, der Tempelvorhang zerriß. Wer da starb, das war der Herr der Planeten, der Lichtgott, der Sonnenjüngling. Und dieser Göttliche gründet eine ganz neue Beziehung: die geistige Mutterschaft. Das Geschehen ist dem Privaten weit entrückt ins Kosmische hinein. Dieser Johannes bekommt diese Maria als Mutter, aber dieser Johannes ist nicht irgendwer, er ist dem Meister am nächsten, er steht für alle, die der Meister liebt, er steht also für die Menschheit. Der Menschheit gibt der sterbende Gott eine Mutter. Er selbst geht dahin, aber er hinterläßt diese Frau, die ihn nun vertritt. Eine Frau. Als ich bei der Arbeit soweit war, traf mich ein Blitz: in jenem Augenblick wurde Maria erhoben in den Rang der kosmischen Mutter. In ihr war die Materie erhoben und erlöst. Jetzt fällt mir dazu noch ein: der Sohn, das ist der Logos, die Mutter, das ist die Materie. Sollte man den Satz nicht so verstehen, als bedeute er die endliche und endgültige Versöhnung von Geist und Materie? Da Johannes der Verfasser des Evangeliums ist, in dem diese Szene so betont ist, und da er ein Mystiker war, können wir annehmen, daß er das meinte.

Als ich für die Schallplatte schrieb, fiel mir etwas anderes ein: Im Johannes-Evangelium bekam die Menschheit eine Mutter. Wer ist der Vater? Der, den wir Gott nennen. Er war ein Mann-Gott. Er war „Gott-der-Gerechte". Wenn jetzt die Menschheit eine Mutter bekommt, so bedeutet das, daß dem Mann-Gott eine Frau beigesellt wird, und das bedeutet, daß an die Seite der Gerechtigkeit die Barmherzigkeit gestellt wird. Das heißt: mit dem Tod des Christus tritt das männliche Element der Gottheit zurück und das weibliche bekommt Bedeutung. Maria als Projektion des Weiblichen in Gott. Die Inthronisierung der Anima: dargestellt im Apsis-Mosaik in der Kirche Santa Maria Maggiore in Rom. Da sitzt Maria, die Mutter, die Frau, die Sophia, das Weibliche, neben dem Christus und wird von ihm gekrönt.

Die Erhebung der Frau geschah durch den Christus im Augenblick seines Sterbens. Da wurde der Gott-der-Gerechte zum Gott-dem-Barmherzigen. Da hatte die Menschheit nun eine Mutter und nicht mehr nur einen Vater, den sie fürchtete. War das nicht die große Wende in der Heilsgeschichte? Begann nicht in diesem Augenblick das Neue Testament?

Die vielen Darstellungen der Maria als der Schutzmantel-Madonna. Was für eine tröstliche Vorstellung: da ist eine Kraft im Universum, die uns mütterlich umhüllt.

M., die Theologiestudentin, sagt: Und eben das mag ich nicht, das erinnert mich an eine Gluckhenne.

Ich verstehe: M. ist jung, sie will das geistige Abenteuer ohne die Schutzmantelmadonna. Ich, nach einem Leben voller geistiger Abenteuer, bin geneigt, die Schutzmantelmadonna zu erkennen: das Weiblich-Mütterliche im Weltgeist. Wer sonst als sie kann uns noch retten? Wir sollten das, was die Madonna ist, ganz neu begreifen.

Noch einmal die Madonna. Aus einem Buch fiel mir eine Bildkarte entgegen: die Schutzmantel-Madonna aus dem Wiener Dommuseum [1450]. Die Figur ist aufklappbar. Unter ihrem Mantel trägt die Madonna den „Gnadenstuhl": Gott Vater mit Kreuz und Taube, die Trinität also. Der Vater hat keine Herrschersymbole; Szepter und Weltkugel sind in den Händen der Madonna, und die Krone ist auf ihrem Haupt. Das ist keine theologisch-dogmatische Aussage, sondern eine mythische: die Madonna, die Weltenmutter, die allumfassende Weiblichkeit. Selbst die göttliche Trinität ist in ihrem Schoß geborgen. Die Madonna: die Mater, die Materia, die Materia Prima, die Maternität. Aus dem Schoß der Urmutter ging die Welt hervor.

Auf einer andern Bildkarte habe ich eine gotische Madonna, hochschwanger, aber was sie in ihrem Leibe hat, das ist, deutlich und ganz bewußt so dargestellt, die Erdkugel.

Korrektur: ich habe mir die Schutzmantelmadonna in Wien angesehen, als ich im März dort war. Sie ist nicht ganz so wie auf der Karte: der Vater hält kein Kreuz mehr, aber die Haltung seiner Arme und Hände zeigt, daß er etwas trug. Aus einem Buch der Bibliothek erfahre ich, daß das auf der Karte dargestellte Kreuz samt der Taube im Original verloren ging und im Barock erneuert wurde, in der Gegenwart aber, als nicht original, wieder entfernt wurde. Aber konsequent war man dabei nicht, denn man ließ der Madonna Krone und Szepter, obwohl auch dies barocke Zutat war.

Ich erfahre aus dem Buch, daß die Darstellung der Schutzmantel-Madonna vor allem in Osteuropa und in Schweden zu finden ist, seltener in Spanien, und daß sie aus einer Zeit großer Not stammt, als die Bauernkriege und der

Dreißigjährige Krieg mit Hunger und Schrecken und Tod das Land überzogen. Man suchte Schutz unter dem Mantel der Madonna. Das verlorene Urvertrauen suchte man, die helfende, schützende Mutter.

Aber die Kirche fand die Darstellung skandalös und schwer häretisch; diese Erhebung der Madonna, der Frau, war unerhört.

Der Kanzler der Universität Paris verbot die Darstellung und ordnete die Zerstörung der ihm bekannten Figuren an. Offenbar gehorchte das Volk nicht außer in einem bekannten Falle, und so mußte schließlich der Papst Benedikt XIV. durch eine Bulle von 1745 diese Darstellung verbieten; ein Wunder und ein Glück, daß sich noch etwa ein Dutzend davon erhielten.

Beim langen Anschauen der Wiener Madonna fiel mir die Nürnberger „Eiserne Jungfrau" ein: da steht auch eine Frau mit einem weiten Mantel, den man öffnen kann, aber darunter ist keine Trinität, und der Mantel gewährt keineswegs Schutz, im Gegenteil, der Verbrecher wurde von ihm erstickt und zerfleischt, denn das Innere des Mantels war mit Eisennägeln gespickt. Die Ambivalenz der Mutterfigur: rettend und verschlingend; man kennt diese Ambivalenz aus den Träumen der Patienten während der Psychoanalyse.

Im Innern der Wiener Madonna ist nicht nur die Trinität, sondern, an den aufgeklappten Seitenflügeln, sehe ich eine große Menge Volks, Kopf an Kopf, Blick und Hände der Madonna entgegenstreckend. Unser aller Sehnsucht nach Geborgenheit im Kosmos.

Ohnmacht und Macht zugleich

Am Beginn dieses Kapitels steht ein Text von *Gertrud von le Fort* (1876–1971), der dem Roman *„Die Magdeburgische Hochzeit“* entstammt. Ein Jahr vor Ausbruch des Zweiten Weltkrieges, als der nationalsozialistische Wahn seinem terroristischen Höhepunkt entgegenging, konnte eine christliche Autorin wie Gertrud von le Fort beim Insel-Verlag in Leipzig noch einmal einen großen Roman veröffentlichen: 1938. Man hielt ihn – wohl wegen seines historischen Stoffes – nicht für politisch gefährlich. Die Nazis irrten auch darin. Denn dieser Roman, in dessen Zentrum die von Katholiken unter dem Feldherrn Tilly belagerte und schließlich eroberte protestantische Stadt Magdeburg während des 30jährigen Krieges steht, ist inhaltlich in jeder Hinsicht eine radikale Absage an jede Form von Intoleranz, Gewaltherrschaft und Krieg, wofür der 30jährige Krieg mit seinen schrecklichen Völkermorden nicht nur symbolisch steht. Ja, in diesem Roman hat die Konvertitin le Fort nicht nur ihr ökumenisches Anliegen (Beendigung der konfessionellen Zerfleischung) gestaltet, sondern auch ihr spirituelles Anliegen symbolisch zum Ausdruck gebracht. Denn im spirituellen Zentrum der „Magdeburgischen Hochzeit“ steht das Marienbild auf der Leibstandarte des für die „katholische Sache“ kämpfenden Feldherrn Tilly, mit welchem der Generalissimus vor seinen Entscheidungen Zwiesprache zu halten pflegt. Maria auf der Standarte von Kriegern: Gertrud von le Fort zeigt, daß Maria oft genug der religiöse Fetisch einer triumphalistischen Soldateska war, die ihr Morden durch die Kirche auch noch zu legitimieren wußte. Die „Marie von der Victorie“ war oft genug die Projektion männlichen Kriegertums, dessen Aggressivität sich auch noch religiös zu tarnen verstand: eine fanatische männliche Soldateska kämpfte für die hohe Frau im Himmel; archetypische Grundmuster von Männlichkeit und Weiblichkeit werden hier gespiegelt.

Die Kernaussage des Romans ist all dem konträr, und in

dem hier ausgewählten Ausschnitt kommt diese Kernaussage zur Sprache: Die Katholiken haben die Stadt erobert und wollen nun im Magdeburger Dom ihr „Tedeum" zelebrieren. Während aber die kaiserlich-katholischen Truppen triumphierend in diese geschlagene protestantische Stadt einziehen, begreift Tilly, daß dieser Sieg über die Protestanten im Namen der katholischen Kirche in Wirklichkeit eine „Niederlage" ist. Seine Marienfahne in den Händen, die durch einen Treffer versehrt wurde und in der die „Marie von der Victorie" jetzt mehr einer Schmerzensmutter gleicht, erkennt der Feldherr: „Maria wollte nicht mit dem Schwert in der Hand über die Glaubensspaltung siegen, sondern sie wollte siegen mit dem Schwert der Glaubensspaltung im Herzen ... Marias Zerrbild – Maria mit dem Schwert in der Hand".

Diese Grundaussage wird auch noch einmal einem „jungen Pater", der zu Tillys Vertrauten gehört, in den Mund gelegt. Und damit ist vollends deutlich: es geht in diesem Roman um die Konkretisierung des „Mysteriums der Liebe", des Prinzips marianischer Dialektik. Und diese Dialektik ist die Dialektik von Scheitern und Sieg, Stärke und Schwäche, Macht und Ohnmacht. Die Durchsetzung von Glaubensüberzeugungen mit Gewalt wird als ein „Zerrbild", eine „Niederlage" Marias bloßgestellt, was im Klartext heißt: Die im Gekreuzigten und in der Schmerzensmutter symbolisierte Dialektik ist dort präsent, wo Christlichkeit sich in Niedrigkeit vollzieht; wo Liebe im Bewußtsein der Niederlage, des Scheiterns ausgeübt wird – wo Christsein das Signum des Kreuzes trägt und eine triumphierende Kirche zugunsten einer Kirche unter dem Kreuz aufgegeben ist. Die marianische Dialektik ist demnach eine ganz und gar macht- und herrschaftskritische: im Zeichen des Gekreuzigten und der Schmerzensmutter vollzieht sich die „Umwertung aller Werte". Ihre Kraft bezieht diese Dialektik also nicht aus einer politischen und gesellschaftlichen Analyse von Herrschaftsverhältnissen, sondern von einem *spirituellen Gegenentwurf* her im Geiste Jesu und Marias gegen die Mächte der Zeit: religiös fanatisierter Haß gegenüber Andersdenkenden, Aggressivität und männliches Kriegertum. Dieser Roman zeigt: So wie der Gekreuzigte zu den Opfern von Krieg und Zerstörung gehört, so auch die Mutter, deren „Niederlage" gleichzeitig eine Absage an die „Logik der Gewalt" ist. Maria – bei Gertrud von le Fort auch eine Befreiungsfigur von Männlichkeitswahn und Aggressivitätsideologie.

Ein Ausblick sei hier zur Ergänzung gestattet: Wie wichtig dieser Autorin die Marienfigur war, zeigt ihre eigenwillige Deutung des Dogmas von der „leiblichen Aufnahme Mariens in den Himmel" (verkündet durch Papst Pius XII. 1950), nachzulesen in le Forts Buch *„Die ewige Frau"* (1960). In ihrer Interpretation des Dogmas zeigt die Autorin sich weniger an dogmengeschichtlichen oder exegetischen Begründungsstrukturen interessiert als vielmehr an der anthropologischen Dimension dieser kirchlichen Lehre. Im Dogma kommt für sie das „metaphysische Geheimnis der Frau" zum Ausdruck, ein mißverständliches Wort, das aber nicht eine simple Rollenfestlegung der Frau als passive Schicksalsergebenheit meint, sondern eine Grundhaltung des Menschen überhaupt, zu der alle Menschen (insbesondere der männliche Teil der Menschheit) noch auf dem Wege ist: die Haltung der „Hingebung" als urreligiöse Grundhaltung schlechthin. Diesem theologischen Motiv entspricht ein zeitkritisches: denn der Hingabe als religiöser Grundhaltung steht der „Selbsterlösungsglaube" diametral gegenüber, den Gertrud von le Fort für das Elend der modernen Welt verantwortlich macht: „Der Selbsterlösungsglaube als Schöpferglaube ist der eigentlich männliche Wahn unserer säkularisierten Zeit und zugleich die Erklärung aller ihrer Mißerfolge". Im Dogma der Kirche dagegen kommt für sie zum Ausdruck: „Die Kreatur ist nirgends Erlöserin, aber sie soll Miterlöserin sein. Das eigentlich

Schöpferische kann nur empfangen werden. Auch der Mann empfängt den Schöpfergeist im Zeichen Marias, in Demut und Hingebung, oder er empfängt ihn überhaupt nicht, sondern er empfängt alsdann immer wieder nur den Geist, ‚den er begreift' und der im Grunde nichts zu begreifen vermag". Mit dieser Anspielung auf Goethes Faust („Du gleichst dem Geist, den du begreifst, nicht mir") erweist sich dieser Essay von der „ewigen Frau" als radikale Absage an alles „Faustische", alles Männliche, das auf „Selbsterlösung" fixiert ist.

Marianische Dialektik steht auch im Hintergrund der Erzählung „Kerzen für Maria" von *Heinrich Böll* (1917–1985), einer frühen Erzählung aus dem Jahre 1950. Hier wird die Marienstatue in einer Kirche zum auslösenden Faktor für den Selbstfindungsprozeß eines Mannes, der fähig wird zu neuer Freiheit und innerer Gelöstheit. Der Mann, der sich das völlige Scheitern seiner ökonomischen Existenz eingestehen muß (er zieht als Vertreter von selbsthergestellten Kerzenprodukten von Ort zu Ort), der gar die vollkommene „Nutzlosigkeit" seiner Bemühungen mit einer gewissen „Freude" registriert, der mit einem gewissen Trotz „froh" war, „offenbar keines Lohnes würdig zu sein", erfährt in der Begegnung mit der Marienfigur die Wandlung von einer äußeren „Freiheit" von Besitz und ökonomischem Nützlichkeitsdenken zu einer großen inneren Freiheit.

Darauf ist die Erzählung angelegt: Der Mann ist fähig, am Ende sein Scheitern anzunehmen und von sich selber frei zu werden (Symbol des leeren Koffers). Im Weggeben sämtlicher, jetzt für ihn nutzlos gewordener Kerzen an das Marienbild findet diese neue, innere Freiheit ihren symbolischen Ausdruck: „Indem ich eine Kerze an der Flamme der anderen erhitzte, klebte ich sie alle fest auf den kalten Sokkel, der das weiche Wachs schnell hart werden ließ, alle klebte ich sie auf, bis der ganze Tisch mit unruhig flackernden Lichtern bedeckt war und mein Koffer leer. Ich ließ ihn stehn, raffte meinen Hut auf, beugte noch einmal meine Knie vor dem Altar und ging, es schien, als flöhe ich ... und nun erst, als ich langsam zum Bahnhof ging, fielen mir alle meine Sünden ein, und mein Herz war leichter als je ...". Maria – bei Böll auch Symbol einer Befreiung von ökonomischem Nützlichkeitsdenken und technischer Zweckrationalität, Symbol innerer Freiheit des Menschen von Abhängigkeiten aller Art.

Die Erzählung „Die drei dunklen Könige" von *Wolfgang Borchert* (1912–1947) versetzt die Weihnachtsgeschichte radikal in die Ruinenlandschaft der deutschen Nachkriegszeit. Mitten in einer „dunklen Vorstadt", mitten in einer beinahe apokalyptischen Szenerie („der Mond fehlte"; „die Sterne waren nicht da") wiederholt sich die Geschichte mit Maria, Josef, dem Kind und den drei Königen. Transfiguration ist das literarische Verfahren. Die drei Könige des 20. Jahrhunderts sind zu drei herabgekommenen, erschöpften, halb erfrorenen Soldaten geworden; Maria, Josef und das Kind sind mit einer Familie identisch, die jedermann sein könnte, anonym, isoliert, desillusioniert. Und doch: Durch den Verweis auf die biblische Ur-Geschichte bekommen auch diese Unbekannten und Namenlosen aus dem Deutschland der Nachkriegszeit eine eigene Würde und ein eigenes Recht. Die Ur-Geschichte um Maria wird zur Schattengeberin, die unserer schattenlosen Gegenwart Plastizität und Kontur verleiht. Maria ist hier nicht die „ewige Frau", sondern die konkrete Frau, die unter erbärmlichen Bedingungen ein Kind zur Welt bringt. Im beinah vergessenen Weihnachten („heute ist ja auch Weihnachten") spiegelt sich ein Rest von Hoffnung, der auch unter den brutalen Bedingungen von Krieg und Nachkriegszeit nicht zerstört werden konnte. Kurz: Die Weihnachtsgeschichte behält – auch als zerfetzte und zerschossene – ihre Verweiskraft auf eine Wirklichkeit, die noch aussteht.

Gertrud von le Fort

Marias Zerrbild – Maria mit dem Schwert in der Hand

Die Abordnungen der Regimenter trugen ihre bekränzten Standarten mit klingendem Spiel in die hohe Domkirche wie einst in das Hochzeitshaus zu Hameln: lauter siegreiche kaiserlich-ligistische Banner, gleichsam noch wogend von der magdeburgischen Victorie wie damals vom Sturm. Allen voran ging die lichtblaue Leibstandarte des Generalissimus Tilly, sie allein war unbekränzt, so hatte es die Exzellenz befohlen – warum, das wußte kein Mensch, denn die allerseligste Jungfrau hätte wahrhaftig hier den ersten Kranz verlangen können: es war doch ihre Victorie, die man zu Magdeburg errungen hatte! Und nun wollte man im hohen Dom das Tedeum singen – draußen auf den Wällen standen die Haubitzen schon gerichtet, um Salut zu schießen. – Im Schiff des Domes klirrten und blitzten die Adjutanten der Exzellenz hin und her, um den Fahnenschmuck zu überwachen; die Exzellenz selbst – sie hatte hier bereits eine stille Messe gehört – war eben in die Sakristei gerufen worden. – Da standen die Exzellenz und ihr junger Pater, der das Hochamt halten sollte, einander gegenüber, nach langer Zeit zum ersten Mal Aug in Auge. Die Exzellenz schwieg wartend – denn der andere hatte sie doch rufen lassen –, er war noch nicht im priesterlichen Ornat. Die abgeblendete Flamme in dem jungen Gesicht zuckte, als lecke sie nach einer entgleitenden Hülle. Er stieß mühsam hervor: Die Trompeter und Paukenschläger der kaiserlichen Kavallerie hätten eben um die Erlaubnis nachgesucht, bei dem Tedeum mitzuwirken, allein man könne kein Tedeum singen – zwanzigtausend Tote lägen unter diesen Trümmern hier begraben! Ein Tedeum sei ein Hohn

– ein Tedeum mit Pauken und Trompeten! – Hilflos werdend, denn die Exzellenz schwieg ja noch immer: „Exzellenz haben doch Ihre Leibstandarte auch nicht bekränzen lassen!" Noch hilfloser: „Exzellenz konnten sie nicht bekränzen lassen – dieser Sieg ist eine fürchterliche Niederlage!"

Die Exzellenz erwiderte nüchternen Tones, ja, dieser Sieg sei eine Niederlage, allein die Soldateska verlange das Tedeum, man könne es ihr – wie zuvor die Plünderung – nicht verweigern, denn sie habe gestürmt.

Die abgeblendete Flamme im Gesicht des jungen Paters brach jetzt durch. Sie erfaßte die Hülle seiner wunderbaren Selbstbeherrschung und spülte sie ihm wie mit einer Feuerwoge vom Antlitz: „Und ohne das Edikt wäre nicht gestürmt worden!"

Die Exzellenz erschien einen Augenblick, als wolle sie abermals der ausweglose Zorn der letzten Tage überfallen, allein der war doch nun vorüber: die Exzellenz hatte sich wieder mit ihrer Fahne vereinigt, sie hatte die blaue Seide geküßt und ihr Schicksal angenommen – die Katholische Exzellenz konnte doch kein anderes Schicksal haben als ihr glorreiches Banner! Maria wollte nicht mit dem Schwert in der Hand über die Glaubensspaltung siegen, sondern sie wollte siegen mit dem Schwert der Glaubensspaltung im Herzen. Man hatte Maria nicht siegen lassen, also war auch die Katholische Exzellenz unterlegen, und sie würde ferner unterliegen: der Glaubenskrieg ging weiter – der Reichskrieg war verloren. Mariens Sieg wäre auch der Sieg der Ratio belli gewesen – Mariens Niederlage war die Verhöhnung derselben: schon gingen die protestierenden Stände zum Schweden über! Mariens Zerrbild – Maria mit dem Schwert in der Hand – bedeutete auch das Zerrbild des Reichs: das Reich mit dem aus der Hand geschlagenen Schwert – die rohe Gewalt nach innen, die Ohnmacht nach außen! Und nun mußte die Exzellenz mit ihren mehr denn siebzig Jahren in den fürchterlichsten aller Kriege hinein, wie sie in den Sturm auf Magdeburg hineingemußt hatte und ohne das Edikt, so hatte der junge Pater gesagt, wäre nicht gestürmt worden!

Die Exzellenz, abermals sehr nüchtern: Ja, ohne das Edikt hätten die zu Magdeburg vermutlich rechtzeitig kapituliert.

Das Gesicht des jungen Paters lag jetzt bloß wie eine offene Wunde, nur die Stimme gehorchte noch der gewohnten Beherrschung des Willens: Die Exzellenz habe ihn damals mit der Zurückstellung des Ediktes betraut. Der Auftrag der Exzellenz sei ausgerichtet worden, aber so, als richte man ihn nicht aus.

Die Exzellenz, unerschütterlich trocken: Das habe sie bereits vermutet. Indessen der andere, leidenschaftlich ausbrechend – jetzt ergriff die Flamme gleichsam auch die Stimme: „Man hätte sich Kaiserlicher Majestät zu Füßen werfen sollen, damit dieselbe das Edikt zurückstelle! Man hätte sie beschwören müssen, den Gewissen nicht Gewalt anzutun, Geduld zu üben, bis der Geist die Spaltung überwindet! Allein man hat mit den abgefallenen Seelen keine Geduld gehabt, genau wie der Luther mit der verweltlichten Kirche keine Geduld gehabt hat, und nun geht an der Geduldlosigkeit der Christenheit die Christenheit zugrunde! Statt den Spalt zu schließen, haben wir ihn tiefer aufgebrochen: man wird uns diesen Tag von Magdeburg niemals vergessen! Die heilige Religion wird mit dem Schicksal dieser unglücklichen Stadt belastet bleiben – bis in die fernsten Zeiten wird man sie deshalb verklagen! Bis in die fernsten Zeiten wird man ihr das Edikt vorhalten – niemals wird die heilige Kirche wieder einig werden. Die heilige Kirche wird zur Machtlosigkeit verurteilt bleiben, und die Welt wird an ihrer Zerrissenheit emporsteigen; alle Gewalt, die sie heute zur Herstellung der heiligen Religion verübt, wird sie der heiligen Religion zurückgeben, wenn ihre Stunde gekommen ist – und ihre Stunde wird kommen: man erkämpft sie ja in diesem Kriege! Denn man kann nicht mit den Waffen dieser Welt für Christus kämpfen, sondern wenn man mit den Waffen dieser Welt kämpft, so erkämpft man die Welt – die Welt überwinden kann man nur, wenn man die Welt überwindet!" – Der junge Pater schlug die Hände vors Gesicht: „Ich wußte es, aber ich wollte es nicht wissen – ich wollte die heilige Religion nicht leiden lassen, und nun" – er schüttelte sich vor Schmerz – „habe ich die heilige Religion gerade dem allergrößten Leiden ausgeliefert!" – Mit erstickter Stimme: „Die heilige Religion selbst ist an diesem Verhängnis unschuldig – sie hat das Edikt nicht geboten – sie hat diesen Krieg nicht gewollt – die heilige Religion ist doch das Mysterium der göttlichen Geduld selbst! Christus siegt nicht im Kampf gegen das Kreuz, sondern am Kreuz – Christus kann das Kreuz der Glaubensspaltung nur am Kreuz der Glaubensspaltung besiegen – Christus siegt nur im Mysterium seiner Liebe! Das ist es doch, was die heilige Religion Tag und Nacht verkündigt mit jeder ihrer Messen, mit jeder ihrer ausgesetzten Monstranz, mit jedem ihrer Kreuzeszeichen! Das ist doch ihr geheimnisvoller Gegenwurf gegen alle Mächte der Zerreißung und Empörung, ihr Triumph über dieselben – der einzige, den die Braut Christi jemals haben kann, und wenn sie jahrhundertelang auf diesen Triumph warten müßte! Und wenn die Welt ihr unterdessen noch die letzte Macht entrisse – auch über die Welt kann doch die heilige Religion nicht anders triumphieren als im Mysterium der Liebe – und diese Liebe triumphiert ja gerade, wenn sie unterliegt! In demselben Augenblick, wo die Welt sie besiegt, stößt ja die Welt in jenen Raum hinein, wo ihre Siege nicht mehr gelten, sondern wo sie selbst von allen ihren Siegen erlöst wird –"

Im Schiff des Domes nebenan vernahm man jetzt den wuchtigen Schritt der hereinmarschierenden Soldateska. Das Geläut der Glocken setzte ein. Die Exzellenz ging plötzlich mit steifen Knien zur Tür der Sakristei und schloß sie behutsam, aber fest zu – sie mußte sich jetzt ihres jungen

Paters annehmen: es war, als ob ein Sturm dessen schmale Gestalt erfaßt habe, daß sie wie ein junger Baum bis in die Wurzel hinab bebte. – In dem Gesicht der Exzellenz erschien der alte Vater Tilly.

Gütig, aber immerhin kurz (denn hier konnte man nur helfen, wenn man sich hart machte, die Exzellenz konnte sich ja selber auch nicht anders helfen): „Ihr müßt Euch jetzt zum Hochamt bereit machen, mein Vater. Nebenan wird auf uns beide gewartet. Ihr seid Soldat der Kompanie Jesu – den rechten Soldaten kennt man am Verhalten in der Niederlage – ich habe mich hier auch mit einer solchen abzufinden: das Te Deum ist ein De profundis für mich wie für Euch."

Der junge Pater schüttelte heftig den Kopf: Die Exzellenz habe nicht nötig, ein De profundis anzustimmen – die Exzellenz habe das Edikt zurückstellen wollen – unablässig habe sich der oberste Befehlshaber um die Errettung dieser unglücklichen Stadt bemüht. – Er stockte, denn die Exzellenz war eben oberster Befehlshaber gewesen. – Der schnelle Geist des jungen Paters hatte schon begriffen: die Exzellenz hatte für die Zerstörung Magdeburgs einzustehen. Vor der Welt der Lebenden und vor der Posterität würde sie das furchtbare Ereignis zu vertreten haben. Die Exzellenz erwartete mit ihren mehr denn siebzig Jahren ein Martyrium ohnegleichen – nicht das glorreiche Martyrium des gefallenen Helden, das der Exzellenz einzig würdig gewesen wäre, sondern wenn das Herz der Katholischen Exzellenz einmal an der edlen Wunde der Schlacht verbluten sollte, so würde es bereits vorher am eklen Biß der ungerechten Beschuldigung verblutet sein. – Die entfesselte Flamme des jungen Paters griff jetzt nach dem Herzen; denn die Exzellenz war doch der Stolz des jungen Ordens. – Abermals mit leidenschaftlichem Schmerz ausbrechend: „Die Exzellenz ist an der Zerstörung Magdeburgs genau so schuldlos wie die heilige Religion – und nun wird die Exzellenz der Fluch dafür treffen wie jene! Man wird die Exzellenz zum finsteren Fanatiker des Glaubens stempeln, man wird den Ruhm der Katholischen Exzellenz, man wird ihre Menschlichkeit und ihren Ruf als Christ antasten – die Exzellenz wird für Verbrechen leiden müssen, die sie nicht begangen hat – ich habe das glorreiche Banner der Exzellenz genauso ausgeliefert wie das der heiligen Religion!"

Jetzt wurde die Exzellenz etwas ungnädig; denn mit ihrem eigenen Ruf und Ruhm war doch die Exzellenz nun Gott sei Dank fertig geworden, darüber mochte sie überhaupt kein Wort mehr verlieren – wenn sie nur noch ihre Sache, wenn sie nur das Reich noch hätte retten können! – Mit leicht unmutig vorgeschobener Lippe: „Die Sorge um meinen Ruf und Ruhm solltet Ihr Euch gänzlich aus dem Kopf schlagen, Pater! Als Kaiserlicher Majestät Feldherr muß ich mein Banner vor dem Feind bis zum letzten Atemzug verteidigen, aber als Christ, da darf ich mich doch nicht weigern, wenn es ungerechterweise angegriffen wird – da bin ich doch nur in der Ordnung der heiligen Religion, wenn ich das auf mich nehme – da kann ich doch mit meinem Banner gar nicht anders siegen – das habt Ihr doch vorhin selbst gesagt. Was wollt Ihr denn nun eigentlich, Pater – Ihr wißt das doch viel besser als ich–" Die Exzellenz brach etwas unbeholfen ab und begann sich nach den Meßgewändern umzusehen; denn nebenan im Dom wurde es bereits merklich unruhig.

Der Pater sagte jetzt leise, aber vernehmlich: „Ja, ich weiß es, Mariens Banner kann nicht anders siegen als Mariens Sohn – und Maria hat in ihrem Sohn gesiegt – mitten in der Niederlage: das ist der Sieg – so sieht derselbe aus –"

Die Exzellenz gab keine Antwort, denn man mußte nun um jeden Preis fertig werden. Sie hatte die Meßgewänder glücklich beisammen und berührte die Schulter des jungen Paters: „Erlaubt mir, Euch behilflich zu sein, ich bin in meiner Jugend Ministrant gewesen."

Plötzlich ergriff der Pater die alte Soldatenhand und stürzte sein junges Gesicht hinein. Die Exzellenz sah einen

Augenblick aus, als wolle sie wieder unmutig werden – noch einen Ausbruch konnte man sich wirklich nicht gestatten! Allein sie fühlte, wie die innere Fläche ihrer Hand feucht wurde – was erschütterte den jungen Pater denn nun wieder? Hatte er vielleicht noch immer nicht verstanden, daß die Exzellenz sich mit ihm ausgesöhnt hatte? – Das Gesicht der Exzellenz war fast ein wenig befangen, schöne Worte konnte doch die Exzellenz nicht machen, dazu war sie doch seit vielen Jahren viel zu einsam!

Die Exzellenz – nein wirklich, es klang recht ernüchternd, was sie jetzt sagte (und hatte sie denn auch die Soldateska nebenan vergessen, daß sie so umständlich wurde?): Der Pater denke immer nur an die religiösen Siege, allein die Welt sei eben auch vorhanden. Jetzt komme der verlorene Reichskrieg, in den gehe es gleichsam mit fliegenden Fahnen hinein, da könne man nur die Zähne zusammenbeißen, wenn man es auf sich nehmen müsse, in diesem Kriege des Reiches Feldherr zu sein, um Kaiserliche Majestät wenigstens vor dem Allerärgsten zu schützen – und das müsse man doch auf sich nehmen, denn Kaiserliche Majestät habe eben keinen anderen Feldherrn. – Plötzlich, als tue sich da in den alten, einsamen Augen der Exzellenz ein fest verschlossenes Tor ganz wunderlich leicht und wie von selber weit auf: „Wollt Ihr mich auf meinem schweren Weg begleiten, Pater, bis zum bitteren Ende?"

Der Pater drückte sein junges Gesicht tiefer in die Hand der Exzellenz – dann mit leiser Frage zurück: „Wollt Ihr mich vor diesem Wege einmal segnen, Vater Tilly?"

Die Exzellenz wandte sich nach dem Weihkessel um, tauchte die alte Soldatenhand hinein und zeichnete langsam, fast feierlich ein Kreuz auf die junge, blasse Stirn des anderen. – Wenige Minuten später begann das Hochamt.

Heinrich Böll

Kerzen für Maria

Mein Aufenthalt in dieser Stadt war nur vorübergehend; zu einer bestimmten Stunde gegen Abend hatte ich den Vertreter einer Firma zu besuchen, die sich mit dem Plan trug, möglicherweise einen Artikel zu übernehmen, dessen Vertrieb uns einiges Kopfzerbrechen macht: Kerzen. Wir haben unser ganzes Geld in die Herstellung eines riesigen Postens gesteckt, indem wir die Stromknappheit als einen Dauerzustand voraussetzten; wir sind sehr fleißig gewesen, sparsam und ehrlich, und wenn ich sage: wir, so meine ich meine Frau und mich. Wir sind Hersteller, Verkäufer, Wiederverkäufer, alle Stufen innerhalb der gesegneten Ordnung des Handels vereinigen wir in uns: Vertreter sind wir, Arbeiter, Reisende, Fabrikanten.

Aber wir haben unsere Rechnung ohne den Wirt gemacht. Der Bedarf an Kerzen ist heute gering. Die Stromkontingentierung ist aufgehoben, auch die meisten Keller sind wieder elektrisch beleuchtet, und im gleichen Augenblick, wo unser Fleiß, unsere Mühe, alle unsere Schwierigkeiten ihr Ziel erreicht zu haben schienen: die Herstellung eines riesigen Postens Kerzen, in diesem Augenblick war die Nachfrage erloschen.

Unsere Versuche, Verbindung mit jenen religiösen Handlungen aufzunehmen, die die sogenannten Devotionalien vertreiben, erwiesen sich als zwecklos. Jene Handlungen hatten Kerzen genug gehortet, außerdem bessere als unsere, solche, die mit Verzierungen versehen waren, grünen, roten, blauen und gelben Bändern, mit goldenen Sternchen bestickt, die sich – gleich Aeskulaps Schlange um dessen Stab – an ihnen hochwinden und ihnen ein ebenso andachtsvolles wie schönes Aussehen verleihen; auch solche verschiedener Größe und Dicke, während unsere alle gleich sind und von einfacher Form; sie haben etwa die Länge einer halben Elle, sind glatt, gelb, schmucklos, und einzig die Schönheit der Einfachheit ist ihnen eigen.

Wir mußten uns gestehen, falsch kalkuliert zu haben; neben der glänzenden Ware, wie sie die Devotionalienhandlungen ausstellen, wirken unsere Kerzen allzu arm, und niemand kauft etwas Ärmliches. Auch unsere Bereitschaft, im Preise herabzugehen, hat dem Absatz unseres Artikels keine Steigerung gebracht. Andererseits fehlt uns natürlich das Geld, andere Muster zu planen oder gar herzustellen, da die Einkünfte, die wir aus dem geringen Verkauf des hergestellten Postens erzielen, kaum ausreichend sind, unseren Lebensunterhalt und die stets wachsenden Unkosten zu decken; denn ich muß nun immer weitere Reisen machen, um wirkliche oder scheinbare Interessenten zu besuchen, muß stets weiter im Preis heruntergehen, und wir wissen, daß uns kein anderer Ausweg bleiben wird, als den großen Rest zu verschleudern und durch eine andere Arbeit Geld zu verdienen.

In diese Stadt hatte mich der Brief eines Großvertreters gerufen, der angedeutet hatte, er würde einen größeren Posten zu annehmbarem Preise absetzen. Töricht genug, hatte ich ihm Glauben geschenkt, eine weite Reise gemacht und jenen Burschen besucht. Seine Wohnung war prachtvoll, üppig, großzügig, schwungvoll möbliert, und das große Kontor, in dem er mich empfing, war vollgestopft mit den verschiedensten Mustern jener Artikel, die seiner Branche Geld einbringen. Da waren lange Regale mit gipsernen Maria-Theresien, Josephsstatuen, Marien, blutende Herzen Jesu, sanftäugige blondhaarige Büßerinnen, auf deren Gipssockel in den verschiedensten Sprachen in erhabenen Buchstaben zu lesen war, golden oder rot: Madeleine, Maddalena, Magdalena; Krippen im ganzen oder in einzelnen Teilen, Ochsen, Esel, Jesuskinder aus Wachs oder Gips, Hirten und Engel aller Altersstufen: Säuglinge, Jünglinge, Kinder, Greise, gipserne Palmblätter mit goldenen oder silbernen Hallelujas, Weihwasserbecken aus Stahl, Gips, Kupfer, Ton: geschmackvolle, geschmacklose.

Er selbst – ein jovialer Bursche mit rotem Gesicht – ließ mich Platz nehmen, heuchelte erst Interesse und bot mir eine Zigarre an. Ich mußte ihm berichten, wieso wir diesem Fabrikationszweig uns verschrieben hatten, und nachdem ich berichtet hatte, daß uns als Erbe des Krieges nichts verblieben war als ein riesiger Stapel Stearin, den meine Frau aus vier brennenden Lastwagen vor unserem zerstörten Haus gerettet und den später niemand als sein Eigentum zurückgefordert hatte, nachdem meine Zigarre ungefähr zu einem Viertel geraucht war, sagte er plötzlich ohne jeden Übergang: „Es tut mir leid, daß ich Sie habe herkommen lassen, aber ich habe mir die Sache anders überlegt." Meine plötzliche Blässe mag ihm doch seltsam vorgekommen sein. „Ja", fuhr er fort, „es tut mir wirklich aufrichtig leid, aber ich bin nach Erwägung aller Möglichkeiten zur Einsicht gekommen, daß Ihr Artikel nicht gehen wird. Wird nicht gehen! Glauben Sie mir! Tut mir leid!" Er lächelte, zuckte die Schultern und hielt mir die Hand hin. Ich ließ die brennende Zigarre liegen und ging.

Es war inzwischen dunkel geworden, und die Stadt war mir vollkommen fremd. Obwohl mich trotz allem eine gewisse Erleichterung befiel, hatte ich das schreckliche Gefühl, nicht nur arm, betrogen, Opfer einer falschen Idee, sondern auch lächerlich zu sein. Offenbar taugte ich nicht zum sogenannten Lebenskampf, nicht zum Fabrikanten und Händler. Nicht einmal zu einem Spottpreis wurden unsere Kerzen gekauft, sie waren zu schlecht, um in der devotionalistischen Konkurrenz zu bestehen, und wahrscheinlich würden wir sie nicht einmal geschenkt loswerden, während andere, schlechtere Kerzen gekauft wurden. Niemals würde ich das Geheimnis des Handels entdecken, wenn ich auch das Geheimnis der Kerzenherstellung mit meiner Frau gefunden hatte.

Ich schleppte müde meinen schweren Musterkoffer zur Haltestelle der Straßenbahn und wartete lange. Die Dunkelheit war sanft und klar, es war Sommer. Lampen brannten an den Straßenkreuzungen, Menschen schlenderten durch den Abend, es war still; ich stand an einem großen Rondell – am Rande dunkle leere Bürogebäude – in meinem Rücken ein kleiner Park; ich hörte Rauschen von Wasser, und als ich mich umwandte, sah ich eine große marmorne Frau dort stehen, aus deren starren Brüsten dünne Rinnsale in ein Kupferbecken flossen; mir wurde kühl, und ich spürte, daß ich müde war. Endlich kam die Bahn; sanfte Musik strömte aus hellerleuchteten Cafés, aber der Bahnhof lag in einem leeren, stillen Stadtteil. Die große schwarze Tafel dort verriet lediglich die Abfahrt eines Zuges, der mich nur halbwegs nach Hause bringen, dessen Benutzung mich eine ganze Nacht Wartesaal, Schmutz und widerliche Bouillon im Bahnhof eines hotellosen Ortes kosten würde. Ich wandte mich um und trat auf den Vorplatz zurück, zählte im Schein einer Gaslaterne mein Geld: neun Mark, Rückfahrkarte und ein paar Groschen. Ein paar Autos standen dort, die schon ewig dort zu warten schienen, kleine Bäume, die gestutzt waren wie Rekruten. Brave Bäumchen, dachte ich, gute Bäumchen, gehorsame Bäumchen. Weiße Arztschilder waren an ein paar unbeleuchteten Häusern zu sehen, durch das Schaufenster eines Cafés blickte ich in eine Versammlung leerer Polsterstühle, denen ein Geiger mit wilden Bewegungen Schluchzer vorsetzte, die zwar Steine, kaum aber einen Menschen hätten rühren können. Endlich entdeckte ich im Chor einer schwarzen Kirche ein grüngestrichenes Schild: Logis. Ich trat dort ein.

Hinter mir hörte ich die Straßenbahn in das heller erleuchtete, stärker belebte Viertel zurückfahren. Der Flur war leer, und ich trat nach rechts in eine kleine Stube, die vier Tische und zwölf Stühle enthielt; Blechkästen mit Bier- und Limonadenflaschen standen links auf einer eingebauten Theke. Alles sah sauber und schmucklos aus. Grüner Rupfen war mit rosenförmigen Kupfernägeln an die Wand geheftet, von schmalen braunen Leisten durchbrochen. Auch die Stühle waren grün überzogen mit einem sanften, samtartigen Stoff. Gelbliche Vorhänge waren dicht vor die Fenster gezogen, und hinter der Theke führte ein klappenartiges Fenster in eine Küche. Ich stellte den Koffer ab, zog einen Stuhl näher und setzte mich. Ich war sehr müde.

Es war so still hier, stiller noch als der Bahnhof, der seltsamerweise abseits lag vom Geschäftszentrum, eine dumpfe dunkle Halle, die von den leisen Geräuschen einer unsichtbaren Emsigkeit erfüllt war: Emsigkeit hinter verschlossenen Schaltern, Emsigkeit hinter hölzernen Absperrungen.

Auch hungrig war ich, und die völlige Nutzlosigkeit dieser Reise bedrückte mich sehr. Ich war froh, daß ich noch eine Weile in diesem sanften schmucklosen Raum allein blieb. Ich hätte gern geraucht, fand aber keine Zigarette und bereute nun, die Zigarre bei dem Groß-Devotionalisten liegengelassen zu haben. Obwohl ich Grund gehabt hätte, über die Zwecklosigkeit auch dieser Reise bedrückt zu sein, verstärkte sich in mir das Gefühl einer Erleichterung, für die ich keinen Namen wußte und die ich mir nicht hätte erklären können, aber vielleicht war ich insgeheim froh, nun endgültig aus dem Gewerbe der Frömmigkeitsartikel ausgestoßen zu sein.

Ich war nicht untätig gewesen nach dem Kriege, ich hatte aufgeräumt, Schutt gefahren, Steine geputzt, gemauert, Sand gefahren, Kalk geholt, hatte Anträge gestellt, immer wieder Anträge gestellt, hatte Bücher gewälzt, sorgsam diesen Haufen Stearin verwaltet; unabhängig von allen, die mir ihre Erfahrungen hätten mitteilen können, hatte ich die Herstellungsweise von Kerzen gefunden, schönen, einfachen, guten Kerzen, die mit einem sanften Gelb gefärbt waren, das ihnen die Hoheit schmelzenden Bienenwachses verlieh. Ich hatte alles getan, um mir eine Existenz zu gründen, wie die Leute so schön sagen: etwas zu tun, das Geld einbringt, und obwohl ich hätte traurig sein müssen – erfüllte mich gerade diese vollkommene Nutzlosigkeit meiner Bemühungen mit einer Freude, die ich noch nicht gekannt hatte.

Ich war nicht kleinlich gewesen, ich hatte Leuten, die in lichtlosen Löchern hockten, Kerzen geschenkt, hatte jede Gelegenheit, mich zu bereichern, vermieden; ich hatte gehungert und mich mit Leidenschaft diesem Erwerbszweig gewidmet, aber obwohl ich hätte erwarten können, für meine gewisse Anständigkeit belohnt zu werden, war ich fast froh, offenbar keines Lohnes würdig zu sein.

Flüchtig auch dachte ich: Vielleicht wäre es doch besser gewesen, Schuhwichse herzustellen, wie ein Bekannter uns geraten hatte, andere Ingredienzien dem Grundstoff beizumischen, Rezepte zusammenzustellen, Pappdosen zu erwerben, sie zu füllen.

Mitten in mein Brüten trat die Wirtin ein, eine schlanke, ältere Frau, ihr Kleid war grün, grün wie die Bier- und Limonadenflaschen auf der Theke. Sie sagte freundlich: „Guten Abend." Ich erwiderte ihren Gruß, und sie fragte: „Bitte?"

„Ein Zimmer, wenn Sie eins frei haben."

„Gewiß", sagte sie, „zu welchem Preis?"

„Das billigste."

„Dreifünfzig."

„Schön", sagte ich erfreut, „vielleicht etwas zu essen?"

„Gewiß."

„Brot, etwas Käse und Butter und ...", ich streifte die Flaschen auf der Theke mit einem Blick, „vielleicht Wein."

„Gewiß", sagte sie, „eine Flasche?"

„Nein, nein! Ein Glas und – was wird das kosten?"

Sie hatte sich hinter die Theke gestellt, schon den Haken zurückgeschoben, um das Fensterchen zu öffnen, und hielt jetzt inne. „Alles?" fragte sie.

„Bitte alles."

Sie griff unter den Tisch, nahm Notizblock und Bleistift,

und es war jetzt wieder still, während sie langsam schrieb und rechnete. Ihre ganze Erscheinung strömte, wie sie dort stand, trotz aller Kühle eine beruhigende Güte aus. Außerdem wurde sie mir sympathischer, da sie sich mehrmals zu verrechnen schien. Sie schrieb langsam die Posten hin, addierte stirnrunzelnd, schüttelte den Kopf, strich wieder durch, schrieb alles neu, addierte wieder, diesmal ohne Stirnrunzeln, und schrieb mit dem grauen Stift unten das Ergebnis hin; dann sagte sie leise: „Sechszwanzig – nein, sechs, verzeihen Sie."

Ich lächelte. „Schön. Haben Sie auch Zigarren?"

„Gewiß." Sie langte wieder unter die Theke und hielt mir eine Schachtel hin. Ich nahm zwei und dankte. Die Frau gab murmelnd die Bestellung in die Küche durch und verließ den Raum.

Sie war kaum gegangen, als die Tür aufgestoßen wurde und ein junger, schmaler Bursche erschien, unrasiert, in hellem Regenmantel; hinter ihm sah ich ein hutloses Mädchen in einem bräunlichen Mantel. Die beiden traten leise, fast schüchtern näher, sagten knapp „Guten Abend" und wandten sich zur Theke. Der Bursche trug die lederne, abgenutzte Einkaufstasche des Mädchens, und obwohl er sichtlich bemüht war, Haltung zu zeigen, Mut und das Benehmen eines Mannes, der täglich mit seinem Mädchen im Hotel übernachtet, sah ich doch, daß seine Unterlippe zitterte und winzige Schweißtröpfchen an seinen Bartstoppeln hingen. Die beiden standen dort wie Wartende in einem Laden. Ihre Hutlosigkeit, die Einkaufstasche als einziges Gepäck gaben ihnen das Aussehen von Fliehenden, die irgendeine Übergangsstation erreicht haben. Das junge Mädchen war schön, ihre Haut war lebendig, warm und leicht gerötet, und das schwere braune Haar, das lose über die Schultern fiel, schien fast zu schwer für ihre zierlichen Füße; sie bewegte nervös die schwarzen staubigen Schuhe, indem sie öfter, als erforderlich gewesen wäre, das Standbein wechselte; dem Burschen fielen ein paar Haarsträhnen, die er hastig zurückstrich, immer wieder in die Stirn, und sein kleiner runder Mund zeigte den Ausdruck einer schmerzlichen und zugleich glücklichen Entschlossenheit. Die beiden vermieden es offenbar, sich anzusehen, sprachen auch nicht miteinander, und ich war froh, daß ich mich umständlich mit meiner Zigarre beschäftigen, sie abschneiden, anzünden, das Ende mißtrauisch betrachten, noch einmal anzünden und rauchen konnte. Jede Sekunde des Wartens mußte eine Pein sein, ich spürte es, denn auch das Mädchen, mochte sie noch so kühn aussehen und glücklich erscheinen, wechselte nun immer öfter das Standbein, zupfte an ihrem Mantel, und der junge Mann fuhr sich immer öfter in die Stirn, aus der nun keine Haarsträhne mehr zurückzustreichen war. Endlich erschien die Frau wieder, sagte leise: „Guten Abend“ und setzte die Flasche auf die Theke.

Ich sprang sofort auf und sagte zur Wirtin: „Wenn ich Ihnen die Mühe abnehmen darf?“ Sie sah mich erstaunt an, stellte dann das Glas hin, gab mir den Korkenzieher und fragte den jungen Mann: „Bitte?“ Während ich die Zigarre in den Mund nahm, den Zieher in den Korken bohrte, hörte ich, wie der junge Mann fragte: „Können wir zwei Zimmer haben?“

„Zwei?“ fragte die Wirtin, und in diesem Augenblick hatte ich den Pfropfen gelöst, und ich sah von der Seite, daß das Mädchen jäh errötete, der Bursche heftiger noch auf seine Unterlippe biß und mit einem knappen Öffnen des Mundes sagte: „Ja, zwei.“

„Oh, danke“, sagte die Wirtin zu mir, goß das Glas voll und reichte es mir. Ich ging an meinen Tisch zurück, begann in kleinen Schlucken den sanften Wein zu trinken und wünschte nur, daß die unvermeidliche Zeremonie nun nicht wieder durch das Erscheinen meines Essens hinausgezögert würde. Aber das Eintragen in ein Buch, Ausfüllen von Zetteln und Vorlegen bläulicher Ausweise, alles ging schneller, als ich gedacht hatte; und einmal als der junge

Mann die Ledertasche öffnete, um die Ausweise herauszuholen, sah ich dort fettige Kuchentüten, einen zusammengeknüllten Hut, Zigarettenschachteln, eine Baskenmütze und ein zerschlissenes rötliches Portemonnaie.

Die ganze Zeit über suchte das Mädchen Haltung zu bewahren; sie betrachtete unbeteiligt die Limonadenflaschen, das Grün des Rupfenbezuges und die rosenförmigen Nägel, aber die Röte wich nicht mehr von ihrem Gesicht, und als endlich alles erledigt war, gingen die beiden hastig und grußlos mit ihren Schlüsseln nach oben. Bald wurde mein Essen durch die Klappe gereicht; die Wirtin brachte mir den Teller, und als wir uns anblickten, lächelte sie nicht, wie ich erwartet hatte, sondern blickte ernst an mir vorbei und sagte: „Guten Appetit."

„Danke", sagte ich. Sie blieb stehen.

Ich fing langsam an zu essen, nahm Brot, Butter und Käse. Sie stand immer noch neben mir. Ich sagte: „Lächeln Sie."

Sie lächelte wirklich, seufzte dann und sagte: „Ich kann nichts daran ändern."

„Möchten Sie es?"

„O ja", sagte sie heftig und setzte sich neben mich auf einen Stuhl, „ich möchte es. Ich möchte manches ändern. Aber wenn er zwei Zimmer verlangt; hätte er eins verlangt ...", sie stockte.

„Wie?" fragte ich.

„Wie?" machte sie wütend nach, „ich hätte ihn hinausgeschmissen."

„Wozu?" sagte ich müde und nahm den letzten Bissen in den Mund. Sie schwieg. Wozu, dachte ich, wozu? Gehört nicht den Liebenden die Welt, waren nicht die Nächte mild genug, waren nicht andere Türen offen, schmutzigere vielleicht, aber Türen, die man hinter sich schließen konnte. Ich blickte in mein leeres Glas und lächelte ...

Die Wirtin war aufgestanden, hatte ihr dickes Buch geholt, einen Packen Formulare und sich wieder neben mich gesetzt.

Sie beobachtete mich, während ich alles ausfüllte. Vor der Spalte „Beruf" stockte ich, sah auf und blickte in ihr lächelndes Gesicht. „Warum zögern Sie", fragte sie ruhig, „haben Sie keinen Beruf?"

„Ich weiß nicht."

„Sie wissen nicht?"

„Ich weiß nicht, ob ich Arbeiter, Reisender, Fabrikant, Erwerbsloser oder nur Vertreter bin ... aber Vertreter wessen ...", dann schrieb ich schnell „Vertreter" hin und gab ihr das Buch zurück. Einen Augenblick dachte ich daran, ihr Kerzen anzubieten, zwanzig, wenn sie wollte, für ein Glas Wein oder zehn für eine Zigarre, ich weiß nicht, warum ich es unterließ, vielleicht war ich nur zu müde, nur zu faul, aber am anderen Morgen war ich froh, es nicht getan zu haben. Ich zündete meine erloschene Zigarre wieder an und stand auf. Die Frau hatte das Buch zugeklappt, die Zettel dazwischengeschoben und gähnte.

„Wünschen Sie Kaffee morgen früh?" fragte sie.

„Nein, danke, ich werde sehr früh zum Bahnhof gehen. Gute Nacht."

„Gute Nacht", sagte sie.

Aber am anderen Morgen schlief ich lange. Der Flur, den ich abends flüchtig gesehen hatte – mit dunkelroten Teppichen belegt –, blieb die ganze Nacht still. Auch das Zimmer war ruhig. Der ungewohnte Wein hatte mich müde gemacht und zugleich froh. Das Fenster stand offen, und ich erblickte gegen den ruhigen, dunkelblauen Sommerhimmel nur das finstere Dach der Kirche gegenüber; weiter rechts sah ich den bunten Widerschein von Lichtern in der Stadt, hörte den Lärm der belebteren Viertel. Ich legte mich mit der Zigarre ins Bett, um die Zeitung zu lesen, schlief aber gleich ein ...

Es war acht vorüber, als ich wach wurde. Der Zug, den

ich hatte benutzen wollen, war schon abgefahren, und ich bereute, nicht geweckt worden zu sein. Ich wusch mich, beschloß, mich rasieren zu lassen, und ging hinunter. Das kleine grüne Zimmer war jetzt hell und freundlich, die Sonne schien durch die dünnen Vorhänge hinein, und ich war erstaunt, gedeckte Frühstückstische zu sehen mit Brotkrümeln, leeren Marmeladeschälchen und Kaffeekannen. Ich hatte das Gefühl gehabt, in diesem stillen Haus der einzige Gast zu sein. Ich bezahlte einem freundlichen Mädchen meine Rechnung und ging.

Draußen war ich erst unschlüssig. Der kühle Schatten der Kirche umfing mich. Die Gasse war schmal und sauber; rechts neben dem Eingang des Logierhauses hatte ein Bäcker seinen Laden geöffnet, Brote und Brötchen leuchteten hellbraun und gelb in den Schaukästen, irgendwo standen Milchkannen vor einer Tür, zu der eine schmale dünnblaue Spur vertropfter Milch hinführte. Die gegenüberliegende Straßenseite war nur mit einer hohen schwarzen Mauer aus Quadern bebaut; durch ein großes, halbkreisförmiges Tor sah ich grünen Rasen und trat dort ein. Ich stand in einem Klostergarten. Ein altes flachdachiges Gebäude, dessen steinerne Fensterumrandungen rührend weiß gekälkt waren, lag inmitten eines grünen Rasens; steinerne Sarkophage im Schatten von Trauerweiden. Ein Mönch trottete über einen Fliesenweg auf die Kirche zu. Als er an mir vorüberkam, grüßte er nickend, ich nickte wieder, und als er in die Kirche trat, folgte ich ihm, ohne zu wissen warum.

Die Kirche war leer. Sie war alt und schmucklos, und als ich gewohnheitsmäßig meine Hand ins Weihwasserbecken tauchte und zum Altar hin niederkniete, sah ich, daß die Kerzen eben verlöscht sein mußten, eine schmale, schwärzliche Rauchfahne stieg von ihnen auf in die helle Luft; niemand war zu sehen, keine Messe schien an diesem Morgen mehr gelesen zu werden. Unwillkürlich folgte ich mit den

Augen der schwarzen Gestalt, die flüchtig und unbeholfen vor dem Tabernakel niederkniete und dann in einem Seitenschiff verschwand. Ich trat näher und blieb erschrocken stehen: dort stand ein Beichtstuhl, das junge Mädchen vom Abend vorher kniete in einer Bank davor, das Gesicht in den Händen verborgen, und am Rand des Schiffes stand der junge Mann, scheinbar unbeteiligt, die lederne Einkaufstasche in der einen Hand, die andere lose herabhängend, und blickte zum Altar ...

Ich hörte jetzt in dieser Stille, daß mein Herz angefangen hatte zu schlagen, lauter, heftiger, seltsam erregt, auch spürte ich, daß der junge Mann mich anblickte, wir sahen uns in die Augen, er erkannte mich und wurde rot. Immer noch kniete das junge Mädchen da mit bedecktem Gesicht, immer noch stieg ein feiner, kaum sichtbarer Rauchfaden von den Kerzen auf. Ich setzte mich auf eine Bank, legte den Hut neben mich und stellte den Koffer ab. Mir war, als erwachte ich erst jetzt, bisher hatte ich gleichsam alles nur mit den Augen gesehen, teilnahmslos – Kirche, Garten, Straße, Mädchen und Mann –, alles war nur Kulisse, die ich unbeteiligt streifte, aber während ich nun zum Altar blickte, wünschte ich, daß der junge Mann auch beichten gehen möchte. Ich fragte mich selbst, wann ich zum letzten Mal gebeichtet hatte, fand mich kaum zurecht mit Jahren, grob gerechnet mußten es sieben Jahre sein, aber als ich weiter nachdachte, stellte ich etwas viel Schlimmeres fest: ich fand keine Sünde. So sehr ich jetzt auch ehrlich suchte, ich fand keine Sünde, die des Beichtens wert gewesen wäre, und ich wurde sehr traurig. Ich spürte, daß ich schmutzig war, voll von Dingen, die abgewaschen werden mußten, aber nirgendwo war da etwas, was grob, schwer, scharf und klar als Sünde hätte bezeichnet werden können. Mein Herz schlug immer heftiger. Abends vorher hatte ich das junge Paar nicht beneidet, aber nun spürte ich Neid mit der innig dort knienden Gestalt, die immer noch ihr Gesicht verborgen hielt und wartete. Völlig unbewegt und unbeteiligt stand der junge Mann dort.

Ich war wie ein Kübel Wasser, der lange an der Luft gestanden hat; er sieht sauber aus, nichts entdeckt man in ihm, wenn man ihn flüchtig betrachtet: niemand hat Steine, Schmutz oder Unrat hineingeworfen, er stand im Flur oder Keller eines wohlanständigen Hauses; auf seinem makellosen Boden ist nichts zu entdecken; alles ist klar, ruhig, und doch, wenn man hineingreift in dieses Wasser, rinnt durch die Hand ein unfaßbarer widerlicher feiner Schmutz, der keine Gestalt, keine Form, fast kein Ausmaß zu haben scheint. Man spürt nur, daß er da ist. Und wenn man tiefer hineingreift in dieses makellose Becken, findet man auf seinem Boden eine dicke unanzweifelbare Schicht dieses feinen, ekelhaften gestaltlosen Schmutzes, für den man keinen Namen findet; ein sattes, fast bleiernes Sediment aus diesen unsagbar feinen Schmutzkörnchen, die der Luft der Anständigkeit entnommen sind.

Ich konnte nicht beten, ich hörte nur mein Herz schlagen und wartete darauf, daß das Mädchen in den Beichtstuhl treten würde. Endlich hob sie die Hände hoch, legte einen Augenblick ihr Gesicht darauf, stand auf und trat in den hölzernen Kasten.

Der junge Mann rührte sich immer noch nicht. Er stand da teilnahmslos, nicht dazu gehörend, unrasiert, bleich, immer noch auf seinem Gesicht den Ausdruck einer sanften und doch festen Entschlossenheit. Als das Mädchen zurückkam, setzte er plötzlich die Tasche auf den Boden und trat in den Stuhl ...

Ich konnte immer noch nicht beten, keine Stimme sprach zu mir oder in mir, nichts rührte sich, nur mein Herz schlug, und ich konnte meine Ungeduld nicht zähmen, stand auf, ließ den Koffer stehen, überquerte den Gang und stellte mich in dem Seitenschiff vor eine Bank. In der vordersten Bank kniete die junge Frau vor einer alten steinernen Madonna, die auf einem völlig unbenutzten schmucklosen Altar stand. Das Gesicht der Mutter Gottes war grob, aber lächelnd, ein Stück ihrer Nase fehlte, die blaue Bemalung ihres Mantels war abgebröckelt, und die goldenen Sterne darauf waren nur noch wie etwas hellere Flecken zu sehen; ihr Zepter war zerbrochen, und von dem Kinde, das sie im Arm trug, waren nur noch der Hinterkopf und ein Teil der Füße zu sehen. Das mittlere Stück, der Leib, war herausgefallen, und sie hielt lächelnd diesen Torso im Arm. Ein armer Orden schien Besitzer dieser Kirche.

„Oh, wenn ich doch beten könnte!" betete ich. Ich fühlte mich hart, nutzlos, schmutzig, reuelos, nicht einmal eine Sünde hatte ich vorzuweisen, das einzige, was ich besaß, war mein heftig schlagendes Herz und das Bewußtsein, schmutzig zu sein ...

Der junge Mann streifte mich leise, als er hinten an mir vorüberging, ich schrak auf und trat in den Beichtstuhl ...

Als ich mit dem Kreuzzeichen entlassen worden war, hatten die beiden die Kirche schon verlassen. Der Mönch schob den violetten Vorhang des Beichtstuhles beiseite, öffnete das Türchen und trottete langsam an mir vorbei; wieder beugte er unbeholfen die Knie vor dem Altar.

Ich wartete, bis ich ihn hatte verschwinden sehen, dann überquerte ich schnell den Gang, beugte selbst die Knie, holte meinen Koffer ins Seitenschiff und öffnete ihn: da lagen sie alle, gebündelt von den sanften Händen meiner Frau, schmal, gelb, einfach, und ich blickte auf den kalten schmucklosen Steinsockel, auf dem die Madonna stand, und bereute zum ersten Male, daß mein Koffer nicht schwerer war. Dann riß ich das erste Bündel auf und zündete ein Streichholz an ...

Indem ich eine Kerze an der Flamme der anderen erhitzte, klebte ich sie alle fest auf den kalten Sockel, der das weiche Wachs schnell hart werden ließ, alle klebte ich sie auf, bis der ganze Tisch mit unruhig flackernden Lichtern bedeckt war und mein Koffer leer. Ich ließ ihn stehen, raffte meinen Hut auf, beugte noch einmal meine Knie vor dem Altar und ging; es schien, als flöhe ich …

Und nun erst, als ich langsam zum Bahnhof ging, fielen mir alle meine Sünden ein, und mein Herz war leichter als je …

Wolfgang Borchert

Die drei dunklen Könige

Oh, nichts, wisperte er, das sind nur die Nerven. Man hat eben zuviel Angst gehabt.

Er tappte durch die dunkle Vorstadt. Die Häuser standen abgebrochen gegen den Himmel. Der Mond fehlte, und das Pflaster war erschrocken über den späten Schritt. Dann fand er eine alte Planke. Da trat er mit dem Fuß gegen, bis eine Latte morsch aufseufzte und losbrach. Das Holz roch mürbe und süß. Durch die dunkle Vorstadt tappte er zurück. Sterne waren nicht da.

Als er die Tür aufmachte (sie weinte dabei, die Tür), sahen ihm die blaß-blauen Augen seiner Frau entgegen. Sie kamen aus einem müden Gesicht. Ihr Atem hing weiß im Zimmer, so kalt war es. Er beugte sein knochiges Knie und brach das Holz. Das Holz seufzte. Dann roch es mürbe und süß ringsum. Er hielt sich ein Stück davon unter die Nase. Riecht beinahe wie Kuchen, lachte er leise. Nicht, sagten die Augen der Frau, nicht lachen. Er schläft.

Der Mann legte das süße mürbe Holz in den kleinen Blechofen. Da glomm es auf und warf eine Handvoll warmes Licht durch das Zimmer. Die fiel hell auf ein winziges rundes Gesicht und blieb einen Augenblick. Das Gesicht war erst eine Stunde alt, aber es hatte schon alles, was dazugehört: Ohren, Nase, Mund und Augen. Die Augen mußten groß sein, das konnte man sehen, obgleich sie zu waren. Aber der Mund war offen, und es pustete leise daraus. Nase und Ohren waren rot. Eri lebt, dachte die Mutter. Und das kleine Gesicht schlief.

Da sind noch Haferflocken, sagte der Mann. Ja, antwortete die Frau, das ist gut. Es ist kalt. Der Mann nahm noch von dem süßen weichen Holz. Nun hat sie ihr Kind gekriegt und muß frieren, dachte er. Aber er hatte keinen, dem er dafür die Fäuste ins Gesicht schlagen konnte. Als er die Ofentür aufmachte, fiel wieder eine Handvoll Licht über das schlafende Gesicht. Die Frau sagte leise: Guck, wie ein Heiligenschein, siehst du? Heiligenschein! dachte er, und er hatte keinen,dem er die Fäuste ins Gesicht schlagen konnte.

Dann waren welche an der Tür. Wir sahen das Licht, sagten sie, vom Fenster. Wir wollen uns zehn Minuten hinsetzen. Aber wir haben ein Kind, sagte der Mann zu ihnen. Da sagten sie nichts weiter, aber sie kamen doch ins Zimmer, stießen Nebel aus den Nasen und hoben die Füße hoch. Wir sind ganz leise, flüsterten sie und hoben die Füße hoch. Dann fiel das Licht auf sie.

Drei waren es. In drei alten Uniformen. Einer hatte einen Pappkarton, einer einen Sack. Und der dritte hatte keine Hände. Erfroren, sagte er, und hielt die Stümpfe hoch. Dann drehte er dem Mann die Manteltasche hin. Tabak war darin und dünnes Papier. Sie drehten Zigaretten.

Aber die Frau sagte: Nicht, das Kind.

Da gingen die vier vor die Tür, und ihre Zigaretten waren vier Punkte in der Nacht. Der eine hatte dicke umwickelte Füße. Er nahm ein Stück Holz aus einem Sack. Ein Esel, sagte er, ich habe sieben Monate daran geschnitzt. Für das Kind. Das sagte er und gab es dem Mann. Was ist mit den Füßen? fragte der Mann. Wasser, sagte der Eselschnitzer, vom Hunger. Und der andere, der dritte? fragte der Mann und befühlte im Dunkeln den Esel. Der dritte zitterte in seiner Uniform: Oh, nichts, wisperte er, das sind nur die Nerven. Man hat eben zuviel Angst gehabt. Dann traten sie die Zigaretten aus und gingen wieder hinein.

Sie hoben die Füße hoch und sahen auf das kleine schlafende Gesicht. Der Zitternde nahm aus seinem Pappkarton zwei gelbe Bonbons und sagte dazu: Für die Frau sind die.

Die Frau machte die blassen Augen weit auf, als sie die

drei Dunklen über das Kind gebeugt sah. Sie fürchtete sich. Aber da stemmte das Kind seine Beine gegen ihre Brust und schrie so kräftig, daß die drei Dunklen die Füße aufhoben und zur Tür schlichen. Hier nickten sie nochmal, dann stiegen sie in die Nacht hinein.

Der Mann sah ihnen nach. Sonderbare Heilige, sagte er zu seiner Frau. Dann machte er die Tür zu. Schöne Heilige sind das, brummte er und sah nach den Haferflocken. Aber er hatte kein Gesicht für seine Fäuste.

Aber das Kind hat geschrien, flüsterte die Frau, ganz stark hat es geschrien. Da sind sie gegangen. Kuck mal, wie lebendig es ist, sagte sie stolz. Das Gesicht machte den Mund auf und schrie.

Weint er? fragte der Mann.

Nein, ich glaube, er lacht, antwortete die Frau.

Beinahe wie Kuchen, sagte der Mann und roch an dem Holz, wie Kuchen. Ganz süß.

Heute ist ja auch Weihnachten, sagte die Frau.

Ja, Weihnachten, brummte er, und vom Ofen her fiel eine Handvoll Licht hell auf das kleine schlafende Gesicht.

Störungen – Verstörungen

In dieses letzte Kapitel wurden Texte aufgenommen, die den psychopathologischen Aspekt der Wirkungen Marias dokumentieren. Viel zu wenig wird ja in Theologie und Kirche diese Dimension der Religiosität ernst genommen: All die Störungen und Verstörungen, die nicht zuletzt auch von der Marienfigur ausgehen und von denen Schriftsteller sich mit Hilfe von Satire und Blasphemie freizuschreiben suchen. Von Oskar Panizza „Das Liebeskonzil" (1895) bis hin zu Günther Grass „Die Blechtrommel" ist auch die Mariensatire ein beachtenswertes Motiv deutscher Prosa.

Wir beginnen mit *Rainer Maria Rilke* (1875–1926), von dessen Marien-Texten schon die Rede war. Noch in Prag hatte Rilke in einer seiner frühen Arbeiten „Alle in Einer" (1897) vom Ineinander von Religion und Wahnsinn konkret erzählt. Ein junger Mann, Holzschnitzer von Beruf, ist krankhaft in ein Mädchen verliebt, das kurz vor der Hochzeit steht. Das Versagen der irdischen Liebe wird durch einen wahnhaften Marienkult kompensiert, und die unerreichbare Geliebte wird immer stärker mit der Madonna identifiziert sowie als Madonna verehrt. Hunderte von holzgeschnitzten Madonnen entstehen, die dem Bild der Geliebten immer ähnlicher werden, bis der Mann im Arbeitsrausch die grausige Entdeckung an sich macht: „Das scharfe Messer formte nicht mehr das harte Holz, es schnitzte an seinen eigenen, blutenden Händen". Liebeswahn führt letztlich zur Selbstvernichtung, der Marienkult (mit dem Mutterabhängigkeiten und Liebeskummer kompensiert werden) zu einer pathologischen Selbstdestruktion.

In einzigartig dichter Weise hat *Georg Trakl* (1887–1914) in der Form eines Gebetes eine Situation der Verstörung eingefangen, autobiographisch motiviert. Das Gedicht entstand 1909, als der 22jährige Georg Trakl nach Wien reiste, um dort sein Pharmaziestudium fortzusetzen. Hier trifft er seine Schwester, Grete Trakl, 17jährig, die an der dortigen

Musikakademie Musiktheorie und Klavier studiert. Trakl war damals ein in seinen Anfängen bereits genialische Züge zeigender Literat, die Schwester eine hochbegabte Musikerin, die das Beste für die Zukunft versprach. Schon als junger Pharmaziestudent in Salzburg hatte sich Georg Trakl mit Drogen vertraut gemacht, hatte in der Baudelaire- und Rimbaud-Nachfolge den unbürgerlichen Poeten gespielt, hatte in der Dostojewski-Begeisterung Bordell-Bekanntschaften gepflegt – der bürgerlich-spießigen Moral zum Trotz. Und schon als junger Gymnasiast hatte Trakl für seine Schwester als „das schönste Mädchen, die größte Künstlerin, das seltenste Weib" geschwärmt und sich für die Inzestverherrlichung in Wagners „Walküre" ausgesprochen. Die Schwester dagegen war eine junge Frau, die die Eltern in Internate und Erziehungsheime gesteckt hatten und die jetzt in Wien – durch den Bruder verführt – dem Laster der Drogensucht verfällt, bis sie ihn darin übertrifft.

Bruder und Schwester Trakl 1909 in Wien: Ihre Lebensläufe beginnen abschüssig zu werden und in eine Abhängigkeit zu rutschen, die ihresgleichen sucht: ein sexuelles, Rauschmittel-bestimmtes Hörigkeitsverhältnis besteht, das nicht frei bleibt von Eifersucht und Versteckspielerei. Eine private „Apokalypse der deutschen Seele" (H. U. v. Balthasar), ein inzestuöses Geschlechterknäuel, dessen Fäden am Ende unentwirrt-wirr in der Luft hängen. Er stirbt 27jährig 1914, als eine der fürchterlichsten Schlachten des Ersten Weltkriegs ihn vollends in den Wahnsinn getrieben hatte, in einem Garnisonsspital in Krakau an einer Überdosis Kokain, ein schmales, in Teilen vollendetes lyrisches Werk hinterlassend; sie, die „Schmerzverschwisterte", stirbt 25jährig in Berlin von eigener Hand, einen Mann und ein Kind sich selbst überlassend.

Mit dem hier dokumentierten Gedicht „Blutschuld" hat Trakl in einzigartiger Weise das Problem der Schuld benannt und in die Form eines klassischen Mariengebetes gekleidet. Und doch: welch ein Gebet wurde hier geschrieben! Welch ein Unterschied herrscht hier zur religiösen Geborgenheit der Welt der Romantiker. Inzestuöse Blutschuld ist in diesem Gedicht sowohl Tatsache wie Verhängnis, Faktum wie Fatum. Hier beten zwei Menschen zu Maria, nicht, weil sie schon bereut hätten, sondern weil sie Reue nicht finden. Die verruchte Wollust stellt sich ja immer wieder ein; lauter rauscht der Brunnen, dunkler ragt die Sphinx; sündiger tönen die Herzen. Schuld ist unausweichlich, weil die Ursache der Schuld unausrottbar ist. Was bleibt, ist die unaufgelöste Polarität von Schuldbewußtsein und Verzeihungsbitte. Gewiß, schon oft hat sich in der deutschen Literatur Schuld auf Huld gereimt, aber nie war die Schuld so gewaltig und die Huld so ohnmächtig wie im Marien-Text dieses Salzburgers. Trotz Beten, Tränen, Schluchzen, kein frommes Gebet, nein, eher eine gefaßte Selbstbeschreibung der Abgründigkeit von menschlichen Beziehungen.

Knapp ein Drittel seines „Pyrenäenbuches" von 1927 widmete *Kurt Tucholsky* (1890–1935) den persönlichen Erfahrungen mit dem Marienwallfahrtsort Lourdes. Dort hatte er im Herbst 1925, wohlbereitet durch ausgiebige Lektüre unter anderem der damals weitverbreiteten Lourdes-Bücher von Zola und Huysmans, einen unbefangenen Zugang zum Wesen katholischer Volksfrömmigkeit gesucht. In einer Zeit großer schriftstellerischer Erfolge empfand Tucholsky sich innerlich doch als „unglücklich und zerrissen" – nicht zuletzt wegen des immer stärker empfundenen mangelnden Einflusses auf die deutsche Politik.

Während seines Aufenthaltes setzt sich Tucholsky intensiv mit Lourdes auseinander – und zwar mit allen Schattierungen dieses Phänomens: Volksfrömmigkeit, Massenpsychologie, Krankheit, Wundergläubigkeit ... Abgestoßen und fasziniert zugleich, versucht Tucholsky herauszufinden, was an diesem geheimnisumwitterten Ort wirklich „dran" ist. Wie nicht anders zu erwarten, ist Tucholskys

Ablehnung katholischer Wundersüchtigkeit scharf, ist der Blick auf den religiösen Betrieb und dessen Mechanismen schonungslos. Und doch ist erstaunlich, mit welcher Detailbesessenheit Tucholsky die Vorgänge in Lourdes beschreibt, und zwar nicht mit dem Blick des Zynikers, sondern mit dem Blick des Betroffenen, der Mitgefühl für die Opfer erkennen läßt: „Hier soll kein Wort der persönlichen Verunglimpfung Geistlicher stehen. Die Tatsache bleibt, daß Lourdes Hunderttausenden eine Tröstung und eine Herzensstärkung bedeutet."

Autobiographisch motiviert ist auch der Roman „Zeit des Fasans" (1988) des Schweizer Roman-Autors *Otto F. Walter* (geb. 1928). Aufgewachsen im großbürgerlichen Milieu des Schweizer Katholizismus, versucht Walter diejenige Rolle kritisch zu analysieren, die sein eigener Vater (stellvertretend für eine ganze Generation einflußreicher großbürgerlicher Katholiken) von der Schweiz aus während der Nazizeit gespielt hat. Die Fragen nach dem Zusammenhang von Katholizismus und faschismusanfälligem Konservativismus werden aufgenommen und schonungslos diskutiert. Vor allem die Rolle des Schweizer Militärs im Zweiten Weltkrieg wird enttabuisiert. Auch die Rolle der Religion für die individualbiographische Entwicklung wird kritisch durchleuchtet, und zwar in der Gestalt der eigenen Mutter. Der Held des Romans, „Thom", kommt zum erstenmal nach Jahrzehnten wieder in sein Elternhaus in Jammers, und seine Wanderungen durch das Haus werden zu einem schmerzhaften Aufklärungsprozeß über die eigene Vergangenheit, über die er seiner Frau Lis in Briefen berichtet. Die hier ausgewählte Szene ist eine kritische Anamnese der in der Marienfrömmigkeit verobjektivierten Religion der Mutter. Symbolisch befreien kann sich der Held des Romans von seiner repressiven Erziehung nur durch einen Akt radikalen ‚Marien- und Mutterikonoklasmus' (Mutterbildzerstörung).

Rainer Maria Rilke

Alle in Einer

Wenn die Anne-Marie zu Werner ins Zimmer trat, legte der blasse junge Mann die Holzfigur, die er eben schnitzte, beiseite, stäubte die Spänchen von seinen Knieen, und schaute sie groß und voll an. Sein dunkles Auge schenkte ihr dann etwas von jener rührenden Dankbarkeit, mit der verwaiste Kinder und einsame Kranke der kleinsten Güte begegnen. Anne-Marie bemerkte wohl nichts davon; sie war es so gewohnt. Sie lächelte ihm zu, besah mit gespannter, kindischer Neugier die unterbrochene Arbeit.

„Die heilige Jungfrau?" fragte sie und ließ ein paar krause Spänchen durch die zieren Finger knistern.

Und oft nickte Werner: „Die heilige Jungfrau."

Es geschah ja wohl ab und zu, daß der heilige Johannes oder der heilige Laurenz für einen Kreuzweg oder eine Tornische bestellt wurden, manchmal auch der heilige Nikolas mit der Umschrift: „Als ein sonderbarer Patron in Wassergefahren bewahre uns", oder gar St. Egyd, über welchem jedesmal stehen mußte: „Vor Krätzewurmfraß beschirm uns gnädig." Aber das waren Bestellungen, und solche kamen dem kranken Werner selten zu. Er schnitzte meist nach eigenem Sinn, und da wurden es lauter Madonnen. Große, die mit stolzer Mütterlichkeit den runden gesunden Knaben des Heils in den reichumfalteten Armen trugen, und kleine hilflose, die, über die Mutterschaft erstaunt, im Begriffe schienen, die winzigen, segnenden Erlöser vor Müdigkeit irgendwo niederzusetzen; dann gab es solche, die hohe, breite Kronen hatten und die Hände ausstreckten in nicht enden könnendem Begaben, und noch andere, welche in verschämter Scheu die steifen Arme über der Brust kreuzten, und diesen waren die Lider gar schwer geworden von dem vielen, langen Augenniederschlagen. Endlich fanden sich jene, die angestrichen sein wollten; die bekamen rote Backen, sehr rote Lippen und sahen gleich viel gesünder aus und viel herrlicher. Aber alle hatten eines in ihren Zügen: die große Dankbarkeit gegen Werner, ohne den sie niemals geworden wären. Und gewiß hätten sich alle gerne zusammengetan und dem jungen Mann in vereinter Kraft geholfen, die seit seinem sechzehnten Jahre gelähmten Beine wieder zu brauchen, wenn nur einmal irgendwer hätte vor ihnen knieen mögen. Aber die meisten waren nicht bestellt, standen in müßigem Erwarten nebeneinander in der Bodenkammer und kamen so gar nicht dazu, daran zu glauben, daß sie, selbst bei innigem Zusammenschluß, ein Wunder vollbringen könnten. Die Leute im Städtchen wunderten sich, daß Werner nicht ermatte, eine Maria um die andre zu schneiden, und die Ältesten schüttelten entrüstet und erstaunt die weißen Köpfe. Sie meinten, das sei ein Frevel; denn wie die heilige Maria eigentlich ausgesehen hätte, könnte keiner genau wissen, am wenigsten Werner, der um seiner Lahmheit willen nie in die Kirche konnte. Anne-Marie war vielleicht die einzige, die sich nicht wunderte. Das kam ihr ganz natürlich vor, wenn sie sich des frommen, zarten Knaben erinnerte, der einst, allen anderen Kindern fremd, mit ihr durch die traurigen Auen vor der Stadt gegangen war. Das war vor seiner Krankheit; allein in seinem Schritt war schon damals etwas Ängstliches, Flüchtendes gewesen, etwas, wovor Anne-Marie sich fürchtete, dessen Hilflosigkeit sie aber zugleich anzog und rührte. Wenn sie nicht sprachen und keine Blumen fanden, sangen seine Lippen oft von ungefähr ein leises, sehnsuchtsschweres Lied, und keiner wußte, woher es ihm kam. Und wenn die Sonne hinter den Weidenzweigen recht rot unterging, brach er in ein Weinen aus, als wäre jetzt ein lieber, wirklicher Mensch gestorben. Das war damals, als sie beide Kinder waren. Und der Anne-Marie schien es kein gar weiter

Weg zu sein von dem In-den-Abend-Weinen zum Madonnenmachen, besonders durch das Kranksein hindurch. Deshalb war sie nicht verwundert über sein Tun, und fand es auch sehr natürlich, daß sie, ebenso wie sie mit dem Werner, der wandern konnte, durch die Auen gegangen war, nun bisweilen bei dem Werner, der das Gehen hatte vergessen müssen, in der Stube saß und seine hölzernen Heiligen ganz so teilnahmsreich betrachtete, wie seine Tränen von damals. Sie sah in dem kranken jungen Mann immer noch den seltsamen Spielgefährten, der ihr Mitleid brauchte, wie ihr Lächeln; und sie träumte manchmal von seinen tiefen, leidenden Augen und von seinen Händen, diesen mädchenhaften, weißen Krankenhänden, die in der Dämmerstunde immer etwas Feierliches, Segnendes bekamen. –

Diese Träume fielen ihr ein, wenn sie vor dem Kranken saß; sie lehnte dann den Kopf mit dem schweren falben Haar ein wenig zurück, faltete die Hände im Schoß und sah in sein Gesicht, wie in eine weite Landschaft.

„Anne-Marie, was hast du?"

Sie erwachte und sagte einfach: „Ich denke."

„Was denkst du, Anne-Marie?"

„Ich denke – ob es viele Menschen gibt, die immer krank sind wie du?"

„Ich fürchte, es gibt zu viele, Anne-Marie."

„Oh! – Und für die müßte die ganze Welt nicht sein, nicht die Wälder und nicht die großen Städte, mit den vielen fremden und festlichen Dingen? Sie sehen das alles ja nie."

„Sie träumen davon, Anne-Marie."

Anne-Marie schwieg. Sie schämte sich. –

Einmal in einer solchen Dämmerstunde sagte Anne-Marie: „Weißt du, oft denk ich mir, ob du auch betest zu den heiligen Jungfrauen, die du dir aus Holz schneidest?"

Der Kranke lächelte fein: „Ich mache sie. Das ist mein Gebet."

Anne-Marie sann einen Augenblick nach und sagte dann wie zu sich selbst: „Wie du dir die Maria vorstellst. Warum gerade so? Hast du einmal ein schönes Bild gesehen?"

„Ich weiß nicht. Ein Bild oder einen Traum. Aber ich habe sie immer vor mir. Wie die Sehnsucht ist sie."

Da fragte das Mädchen: „Welche ist ihr am ähnlichsten?"

Werner antwortete mit geschlossenen Augen: „Alle zusammen sind sie. Wenn du das Liebliche und Gnädige und das Mächtige und Innige von den Vielen an Eine schenkst, dann ist diese Eine ihr ähnlich. Immer muß ich neue schnitzen; denn es ist so viel Gütiges und Trautes in ihr. – Alle diese zusammen und jene, die mir noch gelingen, sind – sie. Ich liebe sie so." Er breitete feierlich die Arme aus wie vor einer Vision.

Dann verneigte sich Werner, griff nach der Figur, an welcher er eben schaffte, hielt sie hoch in den Abend und flüsterte: „Vielleicht mach ichs noch einmal: Alle in der Einen." Er atmete tief auf. „Die bekommst du dann, Anne-Marie."

Anne-Marie hatte Schelmerei in den Augen, sie lachte: „Zu meiner Hochzeit."

„Warum zur Hochzeit?" Werners Stimme war fremd und rauh, wie nach einem Schrecken.

Anne-Marie sagte ernst: „Weil das ein Fest ist." Und ihr war auf einmal sehr bange.

*

Die Zeit war da, in welcher Anne-Marie eine Madonna brauchte. Werner schleppte sich auf seinen Krücken jeden Morgen in die Bodenkammer, um das geeignete Holz für die neue Arbeit zu wählen. Keines paßte, und er blieb dann immer, erschöpft vom Aufstieg und vom Suchen, in einem Winkel der kühlen Kammer sitzen und musterte langsam die zu vielen Marien, die so traurig waren, weil sie nie ein Kind beten gesehen hatten und weil vor keiner ein Licht brannte am Sonnabend. Er dachte dabei gar nicht an die müßigen, verstaubten Heiligen, sondern überlegte, daß Anne-Marie nun heiraten werde und daß er ihr die eine Madonna schenken müsse zu ihrer Hochzeit.

Er hatte Anne-Marie lange nicht gesehen. Es war, als fürchte sie sich vor ihm seit jenem Abend. Sie schickte nun dann und wann die kleine Klara, ihr zehnjähriges Schwesterchen. Der Kranke gewann das Kind sehr lieb und nannte es Maus, weil es behend und naschhaft und niedlich war. Maus dagegen empfand eine gewisse sorgende Überlegenheit und gestand Werner einmal vertraulich, daß er ihr Kind und ganz dumm und ungeschickt sei. Die Kleine kam jeden Tag und brachte ihm eine Blume, einen Apfel oder einfach ihren frischen, kühlen Kindermund, der ihm das Liebste war. –

Nach langer Wahl hatte Werner ein gefüges Holz gefunden und eine von den Madonnen, welche ihm als Vorbild nützlich schien, vor sich hingestellt. Das war eine von den großen, prächtigen, und Maus freute sich mit glänzenden Augen und offenem Mund an ihrer bunten Herrlichkeit.

Plötzlich sagte das Kind: „Weißt du, das ist eigentlich gar nicht die heilige Maria." Werner, dem die Arbeit nicht von statten wollte, blickte fragend auf. Maus schwieg verlegen und preßte die kleine Grübchenhand fest vor den Mund.

„Warum?" fragte Werner.

„Weil ... ich kanns nicht sagen", unterbrach sich die Kleine. Dabei sah sie ganz tückisch aus.

„Also, du Gernklug," schmeichelte der Kranke müde, „wer ist es denn?"

Maus schmiegte sich an ihn.

„Die heilige Agathe?" forschte der junge Mann und liebkoste ihr das Haar.

„Oh nein."

„Die heilige Anna?"

Unwillig schüttelte Maus den Kopf.

Werner nannte alle heiligen Frauen, die ihm gerade einfielen. Das Kind verneinte immer entschiedener und sagte endlich schmollend und voll Ungeduld: „Du Dummer, überhaupt keine Heilige. Ein Mensch."

Werner lächelte.

„Rat einmal."

„Oh, du kannst nicht raten", fügte Maus gleich kläglich und ein wenig verächtlich hinzu, als sie in des Freundes ratloses Gesicht schaute.

Sie setzte sich zurecht und sagte: „Die Anne-Marie."

Der Kranke wurde sehr blaß. Seine weißen Hände zitterten leise. Er sank im Stuhl zurück und schien das Bild Anne-Mariens, wie es in ihm wuchs, neben der großen, prächtigen Madonna zu sehen und hastigen Blicks zu vergleichen. Das Kind sah zuerst sehr enttäuscht und erstaunt aus, als Werner ernst und still verharrte, und erschrak heftig, als er jetzt aufsprang, nach den Krücken langte und mit einer fremden Stimme befahl: „Komm."

Da hatte die Kleine sehr große Furcht. Sie wollte immer wieder fragen: „Was hast du?" Aber das ängstliche Herz pochte ihr in der Kehle und ließ dem Worte keinen Raum. So kroch sie mit schwachen Knieen hinter den dröhnenden Krücken des Kranken her in die Bodenkammer. Dort zerrte Werner sie, ehe ihre Augen durch das Dunkel fanden, am Arm und sagte hart: „Nicht wahr, das ist auch Anne-Marie?"

Maus konnte nichts erkennen. Sein Griff schmerzte sie; sie nahm alle Kraft zusammen und sagte, dem Weinen nahe: „Ja."

„Und das?" hörte sie den Kranken. Jetzt glaubte sie mit weiten Augen etwas zu erkennen, was der Holzmadonna unten ganz ähnlich war: „Auch."

Sie fühlte sich fortgezerrt. Wie beschwörend klang Werners atemloses Fragen: „Und die hier?"

„Ja, auch", gab Maus eilig zu. Allmählich erkannte sie im

Dunkel lauter schöne, große Anne-Marien. Da verging ihr ein wenig die Angst. Sie sagte in Bewunderung: „Ah", und dann, wie um nicht am Schauen gestört zu sein durch lauter Fragen: „Alle, Alle."

Da ließ Werner ihren Arm frei. Er wankte in die Ecke und fiel erschöpft in den Stuhl. Seine beiden Krücken polterten zu Boden. Maus schielte scheu und ungern zu ihm hin. Er sah sehr traurig aus. Die Kleine kehrte den Blick rasch wieder zu den vielen Puppen und ging, einen Finger im Mund, auf leisen Zehen von einer hölzernen Anne-Marie zu der andern.

*

Werner hielt seine Tür verschlossen. Nur seiner alten Aufwärterin öffnete er, wenn sie ihm das Essen brachte. Aber am Abend konnte sie das Mahl, fast unberührt, wieder fortnehmen. Bei der späten Kerze schnitzte der Kranke unermüdlich. Seine Hände fieberten, und vor Anstrengung waren die Finger fühllos. Tief in der Nacht brannte sein Licht zischend und zuckend in sich nieder und verlosch. Die Dunkelheit fiel schwer auf seine müden Augen, aber die krampfige Hand ließ nicht von dem Messer. Sie tat noch ein paar blinde, rasche Schnitte in das Holz. Gewaltsam wie Hiebe saßen sie. Dem Manne geschah, so müsse die heilige Jungfrau, die seine Sehnsucht war, ihm in dichter Dunkelheit das Werkzeug leiten und seiner gehorsamen Hand die Macht schenken, jene Züge zu bilden, die er sich nicht vorstellen konnte, die aber der Inbegriff alles Hohen und Heiligen sein mußten.

Er ließ die Arbeit nicht los und wachte mit wehen Augen dem ersten Tag entgegen. In das zögernde Licht hob er das Holzbild. Und was ihm entgegensah, war immer wieder diese: Anne-Marie, die in den nächsten Tagen Hochzeit halten sollte. Im nächsten Augenblick, da er dies erkannte, schlug er die Figur gegen das Fensterbrett, so hart, daß ihr

Kopf losschnellte und in weitem Bogen in die zwielichtvolle Stube flog. Werner ließ den Holzklotz fallen und grub seine Finger ins Haar, so daß er seine Nägel wie kalte, eiserne Schrauben eindringen fühlte.

Drüben hob sich die frühe Sommersonne. Das Grau schmolz von den Dächern, und in dem nahen Garten jubelte der Morgen mit hundert Vogelrufen. Übernächtig starrte Werner in die Purpurpracht. – Er konnte nicht knieen mit seinen toten Füßen; aber seine verzweifelte Seele lag auf den Knieen in fieberndem Flehen, als er hoch die Hände zusammenschloß und betete:

„Heilige Jungfrau, du *bist* doch, und du bist gewiß nicht so wie die Anne-Marie. Du kannst nicht sein wie eine, die Hochzeit hält in diesen Tagen. *Dich* will ich verherrlichen. Seit Gott mir die Gnade genommen hat, meine Füße zu brauchen, mache ich dein Bild. Hörst du – dich! Mit meinen armen, hilflosen Händen mach ich dir meine hölzernen Gebete. Hast du nie Freude daran? Heilige Jungfrau, es sind schlechte Bilder von dir, und deine Güte hat nicht Raum in ihnen. Aber gib mir, daß ich nur eines mache, das dir ähnlich ist; wenn auch nur so ähnlich wie der kleine Kohlenfunken der Sonne. Ich bin dir dankbar. Nur laß es Licht sein von deinem Lichte, Liebe von deiner Liebe. Nur laß es nicht sein wie jene, denn du kannst nicht sein wie die Anne-Marie, die Hochzeit hält in diesen Tagen."

Seine Stimme war farblos, und seine Hände glitten in satter Erschöpfung in seinen Schoß. Mit geschlossenen Augen lauschte er dem Gebete nach. Er ruhte, wie Kinder ruhen nach einer langen, wilden Fiebernacht.

Aber nach wenigen Minuten fuhr er jählings empor, probte ein neues Holz in den Händen und begann hastig, mit unnatürlicher, überreizter Gewandtheit zu arbeiten. In banger, lauernder Spannung wachte sein Auge über dem, was sich unter schnellen Schnitten formte und entfaltete. Er fühlte jetzt eine heilige, sieghafte Kraft in sich, und die

Weihe seines Gebetes verlieh ihm eine süße, heimliche Hoffnung. Bei jedem Griff empfand er: diesmal war es anders, als alle fünfzig oder hundert, oder tausendmal vorher. Etwas ganz Neues, keusch in seinem Niedagewesensein, – nicht Alle in Einer, die Eine, die gar nicht wußte von den Allen, – mußte gelingen. Ein großer, innerer Jubel stärkte ihn, und ihm geschah, daß die Freude in seinen Fingern immer heftiger zitterte, als die krampfhafte Ermüdung. Nach ein paar Stunden, die ihm wie Minuten vergangen waren, rastete er, stellte die Arbeit auf das Fensterbrett und betrachtete mit sinnendem Lächeln die zarten Züge, die, wie sacht verschleiert, aus dem duftenden Holze hervortraten. Es war ein lindes, leidendes Gesicht; wie das einer Abschiednehmenden, das man nicht mehr klar erkennen kann, vielleicht weil sie schon zu weit fort ist, oder weil einem die Augen voll Tränen stehen. Ganz von ungefähr dachte Werner an seine arme kranke Mutter, die er kaum gekannt hatte, weil sie so früh die Hände in der Grube hatte falten müssen. Und während er ganz mechanisch an dem Holz weiterschnitzte, ging seine Seele, von leiser Rührung geführt, bis zurück zu den kleinen, blassen Blüten der fast vergessenen Mutterliebe. –

Wie ein Türengehen war es gewesen, was den Gelähmten aus seinen Träumen schreckte. Er fuhr auf und durchforschte mit verstörten, fernhergerufenen Blicken die Stube, in deren tiefsten Ecken schon die Dämmerung Netze spann. Er war allein. Aber als er seine Arbeit wieder aufnahm, wußte er: Es saß jemand neben ihm, der mitschnitzte. Wie schützend neigte er sich über die Figur. Aber der neben ihm langte doch herzu und riß mit zuckenden Griffen an den überfeinen, leidenden Linien und machte, daß sie etwas Festes, Irdisches bekamen: etwas von Anne-Marie. Werner fror vor Entsetzen. Er fühlte, daß es jetzt den letzten Kampf galt. Sein Werkzeug blinkte in rasender, verfolgter Eile auf und nieder und fuhr wie ein Blitz in die gebahnten Rillen, aus denen die Späne spritzten. Er wollte dem anderen zuvorkommen. Der aber tat in unerbittlicher, brutaler Ruhe Schnitt um Schnitt und zerstörte höhnisch jeden Zug des Atemlosen. Zuletzt schien es dem Kranken, als stünde seine haltlose Hast, ganz besiegt, im Dienste des Feindes. Da ergriff ihn der Zorn der Hilflosigkeit. Seine bebende Rechte fiel das Holz in immer wilderen und zielloseren Hieben an. Seine Augen folgten ihr nicht mehr. Er starrte hinaus, dem Abend ins rote Gesicht, und brüllte: „Du oder ich." Dabei schaffte seine Rechte, gleichsam losgelöst von ihm, immer fort, und das scharfe Messer formte nicht mehr das harte Holz. Er schnitzte an seinen eigenen, blutenden Händen.

Georg Trakl

Blutschuld

Es dräut die Nacht am Lager unsrer Küsse.
Es flüstert wo: Wer nimmt von euch die Schuld?
Noch bebend von verruchter Wollust Süße
Wir beten: Verzeih uns, Maria, in deiner Huld!

Aus Blumenschalen steigen gierige Düfte,
Umschmeicheln unsere Stirnen bleich von Schuld.
Ermattend unterm Hauch der schwülen Lüfte
Wir träumen: Verzeih uns, Maria, in deiner Huld!

Doch lauter rauscht der Brunnen der Sirenen
Und dunkler ragt die Sphinx vor unsrer Schuld,
Daß unsre Herzen sündiger wieder tönen,
Wir schluchzen: Verzeih uns, Maria, in deiner Huld!

Kurt Tucholsky

Ein Tag in Lourdes

In den kleinen schmutzigen Straßen ist noch kein rechtes Leben, da gehen und kommen einzelne Leute, die Pilger schlafen wohl noch, denn mitternachts ist eine Messe, und während der ganzen Nacht knien Betende in der Basilika.

Jedes Haus ist ein Hotel; vom mittlern Gasthof bis zur Ausspannung sind alle Arten vertreten, und in jedem zweiten Haus ist ein Andenkenladen. Aber alles das will ich jetzt gar nicht sehen. Zur Grotte! zur Grotte!

Nun wird das Gewühl stärker, Wagen quetschen sich zwischen den Leuten hindurch, die elektrische Bahn poltert, noch mehr Läden, noch mehr Straßenverkäufer, die da brave Gruppenaufnahmen, Andenken, Kerzen und Vanille feilhalten – die ganze Luft riecht nach Vanille. Da: die Basilika.

Eine moderne hohe graue Kirche, rechts und links mit zwei weitausladenden Rampen, die den Platz wie zwei Arme umfassen. Einzelne Leute gehen durch einen Torbogen der Rampe zur Grotte. Und da sind auch die ersten Kranken.

Sie wanken auf Krücken, sie schleppen sich am Stock, sie werden auf Wagen dorthin gebracht, zweirädrige Sitzstühle, an denen vorn ein blaues Schild hängt: „Schenkung von Fräulein M. P. 1904". Die Wägelchen werden von Krankenträgern geschoben: das sind Leute, die einen Ledergurt um die Schultern gehängt haben, es ist der Tragriemen, an den sie die Bahren knüpfen. Ich gehe ihnen nach.

Rechts ist eine Hügellandschaft, von einem Eisenbahndamm durchzogen. Links ragt die Längsseite der Kirche auf, Bäume stehen davor, und unter ihnen schallt es. Da stehen die Leute und beten. Und hier sind die Badezellen.

Es sind drei Abteilungen, in denen befinden sich die eingelassenen Wannen mit dem Quellwasser. Davor ist ein eingezäunter Platz, hier steht Krankenwagen an Krankenwagen. Man sieht bleiche, abgezehrte, fiebrige Gesichter. Männer auf der einen Seite, Frauen auf der andern. Vor ihnen ein Geistlicher. Er betet laut. Die Masse unter den Bäumen, an die Gitterstangen gedrückt, spricht die Worte nach. Wie *eine* Stimme steigt das auf.

Der Priester: „Seigneur, nous vous adorons!"

Die Masse: „Seigneur, nous vous adorons!"

Der Priester: „Seigneur, nous vous adorons!"

Die Masse: „Seigneur, nous vous adorons!"

Der Priester: „Seigneur, si vous voulez, vous pouvez me guérir!"

Die Masse: „Seigneur, si vous voulez, vous pouvez me guérir!"

Jede Formel wird dreimal gesprochen, die Worte hämmern sich ein.

„Seigneur, dites seulement une parole et je serai guéri!" Die Pilger, die Angehörigen der Kranken und Fremde wiederholen sorgfältig Satz für Satz. Manche – besonders Frauen – stehen demütig da: ich will ja auch alles tun, wie es vorgeschrieben ist … Viele nehmen die Kreuzstellung ein.

Hier hängt alles vom Vorbeter ab. Ist das ein Mann mit schwacher Stimme, der schlecht artikuliert, dann gibt es Vormittage, an denen vierhundert Leute einfach Gebete aufsagen. Steht da aber einer, der, breitschultrig und robust, seine Stimme aufklingen läßt, die Vokale singt und Konsonanten herausschnellt, hat er den Funken: dann rieselt es durch die Menschen, es zündet, und nun ist es da.

„Jesus, Fils de Marie, ayez pitié de nous!"

Der Vorbeter setzt die Worte scharf an, er betont sie auf der ersten Silbe – „piiitié!" sagt er – „piiitié" sagen die Leute.

Rings um mich angespannte Lippen, konzentrierte Augen, verhauchende Hingabe. Es ist so viel Wille in ihnen!

Und nun wie ein Schrei, ein Ruf aus tiefster Not, ein Befehl, ein Kommando –!

„Seigneur, faites que je voie!"

„Seigneur, faites que je voie!"

„Seigneur, faites que je voie!"

Hörst du es, Gott! Dein Kind ist blind, wir haben gebetet, geglaubt, sind zur Messe gegangen und stehen nun hier, bittend, heischend, verlangend, befehlend –!

„Seigneur, faites que je marche!"

Jetzt haben sie ihn: Er ist ihr Gott, gewiß, und er kann mit ihnen machen, was ihm beliebt. Aber der Priester hat nun einen roten Kopf bekommen vor Anstrengung und Kraft, mit Klammern hat er die Masse gepackt, und wenn es auch ausgestreckte Hände sind: Fäuste ragen da auf, sie drohen, sie wollen die Gnade vom Himmel herunterreißen, sie haben sie verdient, her damit –!

Die Kranken sitzen bleich in der Mitte. Es ist so wohltuend, Mittelpunkt zu sein! Endlich einmal heraus aus den engen Stuben, wo man sich schon an ihre Leiden gewöhnt hatte, ohne das matte Mitleid der abgestumpften Verwandten, die sanften Zusprüche der Geistlichen und die gleichgültigen Sprüche der Ärzte, die ja doch nicht helfen können ... Nichts da. Hier wird eine Schlacht geschlagen. Hier sind es die Kranken, die in der Mitte stehen, alle sehen sie an, aller Blicke umfassen sie, das stärkt. Und dann wird einer nach dem andern in den Baderaum geschoben.

Hier soll niemand dabei sein. Die Krankenwärter passen scharf auf, daß keiner während der Bäder den Innenraum betritt. Kein profanes Auge soll das Mysterium sehen. (...)

Ich drücke mich zur Grotte hindurch. Es ist eine kleine Felsgrotte, ein paar Meter tief, mit einem schmiedeeisernen Gitter. ‚Entrée' und ‚Sortie' steht daran, auf blauen Emailschildern in weißer Schrift; einen Augenblick lang zieht ein Straßenschild an meinem Auge vorüber ... Seitlich an der Grotte steht eine Kanzel, auf ihr ein Geistlicher im Ornat; der die Betenden ermahnt, tröstet, anfeuert. Seine Worte hallen über die Köpfe hinweg und zerflattern in der Luft. Es ist sehr schwer, im Freien zu predigen ... Langsam, unendlich langsam schiebt sich die Menge an der Kanzel vorbei, in die Grotte. Alle halten Kerzen in den Händen, und da flammt ein großer Lichtständer, das Stearin tropft und bildet merkwürdige Figuren. Zwei Meter vom Boden entfernt, in einer Höhlung oben in den Steinen, steht sie: Notre-Dame de Lourdes, Our Lady of Lourdes, Onze Lieve Vrouw van Lourdes, Gospa od Lourda, Nuestra Señora de Lourdes, Miesac Mary i Lourdes, Nossa Senhora de Lourdes – die Jungfrau Marie. Hier ist sie dem kleinen Bauernmädchen aus Lourdes zum erstenmal erschienen und hat Quelle und Heilung vorausgesagt. Vor ihr bekreuzigen sich alle, dann küssen sie den Stein, auf dem sie steht, der Stein ist glatt und speckig von den vielen Händen, die ihn gestreichelt haben. Ich denke an die verzückte, rasche Gebärde, mit der unter der Erde, in den Grotten von Bétharram, in der Nähe von Lourdes, eine Frau jenen Stalaktiten anfaßte, von dem es hieß, er bringe Glück. Sie sprang auf ihn zu, um keinen Augenblick zu versäumen. Nun preßt die Menschenmauer nach vorn. Ein Altar ist aufgerichtet, da brennen die Kerzen, fortwährend klappert Geld in die Kästen, und die Erde ist bedeckt mit Briefen, Kupfermünzen, Bildern, Blumen, Glasperlen, Weihgeschenken. Langsam, langsam werden wir wieder hinausgedrückt. Am Ausgang hängen alte Krükken, die haben die Geheilten aufgehängt, und ein Gipskorsett ist auch dabei.

Vor der Grotte, in Wagen und Bahren: die Kranken. Sie sitzen und liegen da, die Augen zum Himmel aufgerichtet, die Träger, die sie umgeben, beten – die Verwandten beten, manche sind halb bewußtlos und haben die Augen geschlossen und fiebern. Sie halten Rosenkränze in den Fingern. Viele singen.

Neugierige und Touristen stehen unter den Leuten, es wird fotografiert, gesprochen, in Büchern geblättert.

Bahren im Getümmel, Krankenwagen, gestützte Kranke – alles geht leise und freundlich vor sich. An der Kirche, an den Plätzen, überall sind im Freien Kanzeln aufgestellt, da predigen die fremden Priester, die mit den Pilgerzügen gekommen sind, in ihren Sprachen. Und nun ist es Mittag, und dann leert sich langsam der Platz.

So fängt der erste Tag der Pilger an, die in den ‚trains blancs' ankommen, den großen Krankenzügen, mit Liegevorrichtungen für die Kranken, gestopft voll, mit Krankenschwestern und Pflegern, mit dem Bischof oder Erzbischof der Diözese, dem weltlichen Leiter, der die ermäßigten Billetts besorgt, und mit einem Arzt. Wenn sie ankommen, verteilen sie sich in der Stadt – die großen Unterkunftsbaracken gibt es nicht mehr.

Die Frommen gehen gleich nach der Ankunft zum Gottesdienst, zum Quellenbad, zur ‚piscine'; große Anschläge verkünden überall in der Stadt den Dienst des betreffenden Zugs, alles ist Tradition, alles ist vorausgesehen und eingespielt. (...)

Der Gottesdienst hat geendet. Was nun –?

Jetzt brodeln die Leute aufgeregt durcheinander, dies ist der große Moment ... Hat Maria geholfen –? Sie *wollen* ihr Wunder, sie suchen danach, sie stecken die Köpfe zusammen, die Luft ist geladen vor Erwartung.

Aus einer Ecke springt es auf, wer hat zuerst gerufen –? „Un miracle! Un miracle!" Alle laufen, da ist kein Halten mehr. Ein Hauchlaut der Verwunderung ertönt, wie beim Chor im Drama, der mit leisem „Ha –" vor einem Helden zurückweicht ... „Un miracle! Un miracle!" Im Nu ist die Tür des Bureau des Constatations umlagert.

Das liegt in einer Seitenwand der Rampe, die Tür ist zugesperrt, denn die Ärzte drinnen wissen, was sich jetzt ereignen wird. Die Pilger würden die geheilte Kranke zu Boden reißen, sie betasten wollen, ihren Segen wünschen, sich ihre Kleider teilen zum Andenken. Viele Frauen schluchzen.

In den kleinen Zimmerchen des Bureaus warten Priester, fremde Ärzte, die Angehörigen. Die Kranke breitet ihre Zeugnisse aus, die besagen, daß und wie sie erkrankt war, sie wird untersucht, befragt, ausgehorcht ... Die Kommission ist sehr vorsichtig, sehr skeptisch, sehr behutsam ... Nun ja, eine Besserung ... Vorläufig wird die Kranke ins Hospital entlassen. Draußen bilden Tausende Spalier und klatschen ihr zu, jubeln; strahlend durchfährt sie die Hecke der Begeisterten und heimst so etwas wie einen persönlichen Erfolg ein. Die Heilige Jungfrau hat sie ausgewählt, hat sie für würdig befunden, sie und keine andre.

Die andern werden nun in die Krankenhäuser abgefahren. Diesmal war es mit ihnen nichts. Vielleicht aber kommt noch die Heilung ...

Ein Zug rollt an. Der Krankenträger, der hier die Ordnung aufrechtzuerhalten hat, trennt ihn nach Nationen. „Français?" fragt er. „Italien?" Ein schrecklicher Stumpf von einem Menschen sitzt in einem Stuhl, mit ganz großem Kopf, winzigen Gliedmaßen, eine Masse Fleisch. Das Ding nickt mit dem Kopf. Frauen mit wunderlichen Auswüchsen fahren vorbei, manchen hat man Tücher über das Gesicht gelegt, man ahnt nur das Entstellte darunter. Ein rothaariger junger Mensch wird herangefahren, er klappert mit den Zähnen, er hat Fieber, und seine langen gelben Zähne ragen seltsam aus dem spitzen Gesicht. „Français?" fragt der Krankenträger. „Italien?" Der Fahrer scheint es nicht zu wissen, und der junge Mensch antwortet nicht. Da will der Ordner nach dem Abzeichen sehn. Er lüftet die Decke ... Aber das ist eine Frau, die darunter liegt! eine junge Frau mit welken Brüsten, und jetzt hat sie die Augen geschlossen und sich hintenübergelegt und sagt überhaupt nichts mehr. Sie verschwindet im Asyl. Und so kommen noch viele.

Die Menge diskutiert die Heilungen, die sich in den Gerüchten minütlich vergrößern, an Zahl, an Schwere, an Kraft des Mirakels. Sehr langsam zerstreuen sich die Massen im Staub der Nachmittagssonne. (...)

So ist es immer gewesen.

Da ziehen sie hin, die Schafe – Walter Mehring hat sie gesehn.

> Durch die Jahrtausende geht ihr Zug
> Mondhell leuchtenden Steißes –
> Immer ein schwarzes, ein weißes –
> Heiliger Nepomuk!

Da ziehn sie hin.

Ich weiß nicht, ob schon wieder deutsche Katholiken nach Lourdes wallfahrten. In großen Zügen tun sie das meines Wissens noch nicht. Sie werden keinen leichten Stand haben. Die französischen Katholiken sind, im Gegensatz zu den deutschen, die wildesten Nationalisten; es gibt zwar keine Pan-Franzosen, und selbst die ‚Action Française' will keinem andern Volk etwas fortnehmen – aber wenn καϑ' ὅλος erdballumspannend heißt, so ist das ein Erdball mit Hindernissen. Es ist mir nie klar gewesen, wie ein frommer Katholik dem andern ein Bajonett in den Leib jagen kann – fühlt er nicht, daß es die eklatanteste Religionsverletzung ist, die es gibt? Dafür zum selben Gott gebetet, dasselbe Sakrament verehrt, dieselben Bitten gesprochen, dafür ...? Mir sind sämtliche Kunstgriffe der Kriegstheologen bekannt, man kann ja alles beweisen. ‚Gebet dem Kaiser, was des Kaisers ist' und ‚Gehorchet der Obrigkeit' – aber in der deutschen Kriegsliteratur zum Beispiel ist doch den Katholiken bei Aufstellung dieser kümmerlichen Sätze nicht so kannibalisch wohl gewesen wie der protestantischen Konkurrenz. Die jungen pazifistischen Katholiken in Deutschland, etwa die Leute um Vitus Heller, werden jedenfalls noch eine schwere Arbeit haben, wenn sie mit diesen französischen Glaubensgenossen zusammentreffen wollen. Denn da katholische Deutsche vor dem Kriege in Lourdes gewesen sind, zum Beispiel Bayern, so ist es theoretisch nicht ausgeschlossen und praktisch mehr als wahrscheinlich, daß Männer, die gemeinsam vor der Kirche das Credo gesungen haben, sich späterhin bis zur Unkenntlichkeit zerfetzt haben, als Soldaten, die sich damit noch brüsten, zum Beispiel Bayern.

Ich weiß sehr wohl, daß im allgemeinen dem deutschen Publikum nicht sehr wohl ist, wenn es gegen die Übergriffe der katholischen Kirche geht. Der Katholik ist dagegen; der Protestant hat Furcht, daß das Feuer auf sein Haupt übergreife, und der Jude sagt: politische Rücksichten und meint: Angst vor dem Antisemitismus. Mit einem kämpferischen freien Geist ist es bei allen dreien nicht weit her.

Die Aufgabe wird einem doppelt schwer gemacht: durch die wanzenplatten Monisten und die unzweifelhaften Verdienste des deutschen Zentrums in der Außenpolitik bis zum Jahre 1924. Aber das soll uns nicht hindern, die Wahrheit zu sagen.

Und sie kann um so leichter gesagt werden, als nur Renegaten und Angsthasen katholischer sind als die Katholiken selbst. Die verlangen nicht, daß man an Lourdes glaube; ich kenne katholische Franzosen, die mit Feuer und Schwert gegen die Trennung von Kirche und Staat kämpfen und über Lourdes mit einem Achselzucken zur Tagesordnung übergehen. Furcht vor dem Kulturkampf ist noch keine Toleranz.

Toleranz! Aber ich habe noch nie erlebt, daß die andern auf unsere Gefühle Rücksicht genommen hätten, etwa, wenn von der Wehrpflicht die Rede ist. Ihnen ist die Sache so selbstverständlich ... Weicht nicht immer zurück, falsche Taktiker, Taktiker eurer Niederlagen. Und setzt auch einmal dem, der zugreift, die alte Formel der kirchlichen Druckerlaubnis aufs Heft: Nihil obstat. Imprimatur.

Hier soll kein Wort der persönlichen Verunglimpfung Geistlicher stehen. Die Tatsache bleibt, daß Lourdes Hunderttausenden eine Tröstung und eine Herzstärkung bedeutet. „Aber wenn nun die Leute ungeheilt zurückkommen", fragte ich einen Abbé, „sind sie da nicht enttäuscht?" – „Im Gegenteil!" sagte er. „Es ist auf alle Fälle eine kräftigende Reise."

Auf der manche sterben. Denn der Transport so schwer Kranker, die zum Teil gegen den ausdrücklichen Rat der Ärzte reisen und noch stolz darauf sind, ist anstrengend, qualvoll, trotz allem gefährlich. Von der öffentlichen Hygiene dieser nicht immer sauber zu haltenden Massentransporte gar nicht zu reden. Also Schließung? Es gibt keine Regierung, die das wagen dürfte. Es ist zu spät.

Und ich will nun den Frommen zum Schluß alles einräumen: daß es wundertätige Heilungen gibt, daß diese Heilungen von einem Wesen ausgehen, das Jungfrau Maria heißt ... Was beweist das –?

Wunder sind eine Reklame. Wunder beweisen nichts für die Richtigkeit eines ethischen Systems.

Und wenn einer aus Feuerland daherkäme und mir das Abbild seines Gottes zeigte und sagte: „Sieh! Er tut Wunder! Er gibt Regen und Sonnenschein! Er heilt die Kranken und fördert die Gesunden! Er schließt die Wunden und trocknet Tränen, er erweckt Tote und trifft mit dem Blitz das Haupt unsrer Feinde! Er ist ein großer Gott!" – spräche er also, so prüfte ich das Gebäude und die Untermauerung seines Glaubens und seiner Metaphysik, seiner Lehren und seiner Sittengesetze.

Und fände ich dann etwa, daß es eine Religion ist, die von ihrem Schöpfer gute Lehren auf den Weg bekommen hat, diesen Schöpfer aber verraten hat um irdischer Güter willen; daß sie die Reichen begünstigt und die Armen mit leeren Tröstungen im Elend geduckt hält; fände ich, daß sie die Tiere nicht miteinbezieht in den Kreis des Lebens, und daß sie klüger ist als fromm, gerissener als weise, politischer als wahrhaftig; daß sie das gute Heidnische im Menschen tötet und den Verkrüppelten sorgfältig bewacht; daß sie gottlose Fahnen in ihren Tempeln aufhängt und segnet, die da töten, und verflucht, die den Staatsmord verhindern wollen – fände ich das alles:

ich schickte den Mann aus Feuerland zurück und pfiffe auf seine Wunder.

Otto F. Walter

Abschied von einer Madonna

Nichts weiter als Zufall, daß Thom im Blauen Zimmer den großen Wandschrank öffnete. Er war eben hereingekommen, um zu sehen, ob er mittags die Fenster gut zugemacht hatte; für einen Augenblick hatte er an einem der Südfenster gestanden und in den Gewitterregen geschaut; der ging in Schauern so dicht noch immer nieder, daß die Dächer und Hochhäuser hinter den grau von Westen her vorbeitreibenden Wasservorhängen verschwunden waren. Erst jetzt war Thom zur Tür gegangen, um Licht zu machen. Dann hatte er kurz dagestanden, nur so, unschlüssig, ob er schon jetzt an Lis schreiben oder ob er sich erst unten im Lehnstuhl die heutige Zeitung endlich vornehmen solle. Sein Blick war auf den Schrank gefallen, der neben dem Bett in die Wand eingelassen und blau gestrichen war. Er ging darauf zu.

Als er die beiden Flügel öffnete, hatte er vor sich, auf Augenhöhe, diese Statue. Madonnenstatue. Thom erschrak. Sie war da, ohne jede Veränderung, so als wären nicht vierundzwanzig Jahre vergangen; als wäre er selber nicht längst ein anderer geworden. Sie stand, als wäre Zeit nur eine törichte Erfindung.

Madonna mit Kind. Sie, die Gottesmutter mit dem ernst lächelnden Mädchengesicht, wie sie, von ihrem blauen Mantel umhüllt und umflossen, auf dem Kissen sitzt, getragen von den beiden Hörnern des Stiers. Oder war das doch die Mondsichel, und deren Enden liefen hörnerähnlich rechts und links nach oben geschwungen in die Spitzen neben dem Haupt der Ruhenden aus? Leichter Kampfergeruch; er hatte, offensichtlich, gegen die Motten gewirkt. Ja, genau so und wie nicht einmal vom Staub berührt, saß diese dreißig Zentimeter hohe Puppe mit ihrem Jesus im Arm vor ihm, so wie sie immer, drüben in der Zimmerecke, auf dem Tischchen, dagewesen war, wahrscheinlich ein Serienprodukt aus der Fin-de-Siècle-Zeit, Gips, die beiden Gesichter bunt bemalt. Hinter ihnen der versilberte Strahlenteller, aufgestellt als Rückwand, ja, auch er, und Thom sah sekundenlang darin gespiegelt wieder die beiden Kerzen. Er hatte sie als Vier- und Siebenjähriger anzünden dürfen, wenn die Mutter sich auf den Betschemel vor der Statuette hinkniete und mit ihm, mit Gret und Charlott diese inbrünstigen Anrufungen der Lauretanischen Litanei zu beten begonnen hatte – Du reinste Mutter, bitt' für uns! Du unbefleckte Mutter, bitt' für uns! Du Sitz der Weisheit, Du Königin der Patriarchen, Du Königin, ohne Makel der Erbsünde empfangen, bitt' für uns! –, sie oder auch die zehmal „Gegrüßt seist du, Maria, Mutter Gottes, voll der Gnade", diese zehn Ave Maria, die zusammen jeweils einen der Sätze des Glorreichen Rosenkranzes bildeten. Thom hatte, hingekniet auf den Teppich vor Mutters Schemel, neben seinen Schwestern immer wieder das Gesicht der ernst den Fuß ihres kleinen Sohnes betrachtenden Mutter unseres Herrn und Heilands angeschaut. Doch nie hatte ihr Blick sich ihm zugewandt, sosehr er sich auch, etwa beim Singen von „Meerstern, ich Dich grüße", bemühte, besonders innig ihre Aufmerksamkeit auf sich zu ziehen. Von wem, wenn nicht von ihr, der Gottesgebärerin und Zuflucht der Sünder, der Königin der Blutzeugen und keuschesten Mutter, hatte er denn Kraft, Kraft und Gnade und auch Vergebung erhoffen dürfen für sein sündiges, beflecktes Herz? Wer, wenn nicht sie, die Pforte des Himmels, die Königin der Meere und Jungfrau aller Jungfrauen – Du elfenbeinerner Turm, Du Arche des Bundes, Du keuschester, unversehrter, unbefleckt empfangener Spiegel der Gerechtigkeit und reinstes, dreimal reinstes und vortreffliches Gefäß der Andacht! – wer eher als sie, allenfalls im Verein mit dem reinen Heiligen Aloys, hätte um Gnade für ihn, Thom, bitten können vor dem Throne Christi, vor Ihm, der auferstanden war, leiblich, von den Toten, um zu sitzen zur rechten Hand Gottes, des Vaters, und zu richten nicht nur die Toten, sondern auch alle, die da, wie Thom, noch lebendig waren?

Immer wieder hatte die Stimme der Mutter, die hinter ihnen auf dem weinroten Kissen des Betschemels kniete, nochmal ein Ave Maria und nochmal eines angestimmt, für die im Bombenhagel des Krieges in der heutigen Nacht umkommenden Kinder und Mütter, für unsere Soldaten im Feld und an der Grenze, und immer nochmal ein „Gegrüßt seist Du, Maria" für Vater, damit er endlich die Kraft fände, seinen Weg der Sünde zu verlassen. Manchmal begann die klare, dunkle Stimme der Mutter zu zittern, wenn sie mit zwei, drei Sätzen überleitete zum zweiten, zum zusätzlichen Beten der Lauretanischen Litanei; diesmal sollten sie, seine Schwestern und er, mit ihr darum beten, daß die reinste und mächtige Jungfrau und Königin der Propheten ihr selber, ihr, Thoms Mutter, jene Kraft verleihen möge, jene Kraft, ja, die sie brauchte, um den Vater den Pforten der Hölle, die ihn zu verschlingen drohten, zu entreißen. Gib mir die Kraft, Gottesgebärerin! Gib mir die Kraft! Mit der Mutter brach auch Thom, zitternd unter den Schauern, die über seinen Rücken krochen, in Tränen aus. Auch Charlott, auch Gret weinte oft, auch Frieda und Herminia, weit hinten im Zimmer kniend, und so sangen sie dann viel zu laut alle zusammen nochmal voller Inbrunst „Meerstern, ich dich grüße" mit dem Ruf: O Maria hilf!

Zwei- oder dreimal war dann doch geschehen, was Thom so sehr erfleht hatte: Sie hob, nur leicht, den Kopf und lächelte ihm zu. Er sah, wie die Mutter Gottes mitsamt ihrem unbefleckt empfangenen göttlichen Kind, mit dem roten Kissen, der Mondsichel und dem Strahlenkranz zu schweben begann. Die Wände wichen, und staunend sah Thom, wie sie, gebenedeit unter den Weibern und mit der gebenedeiten Frucht ihres Leibes, durch die Winternacht emporschwebte, über die Tannenwipfel und die Dächer von Jammers hinauf ins Firmament. Thom mußte glücklich die Augen schließen, denn sie war umglänzt vom Heiligen Geist und von den Sternen und Abersternen des Allmächtigen. Jetzt wußte er, sein Gebet und ihre gemeinsamen Gebete für den Vater und immer wieder für Reinheit waren, jedenfalls für die nächsten Nächte und Tage, erhört.

Gewiß, die Statue, wie sie da im Schrank vor ihm saß, sah viel kleiner, viel bescheidener aus als das Bild, das jetzt, nach Jahrzehnten, in ihm wieder aufgetaucht war. Er hatte auf einmal das Gefühl, in dieser Madonna auf das Bild zu stoßen, das er vergessen hatte und das ihm ein Stück der Wahrheit signalisieren könnte über die Frau, die ihn geboren hatte. Was wußte er von ihr? Kannte er ihre Angst, ihre Sehnsüchte?

Ja, da waren diese Fetzen von Erinnerung, diese verbleichenden, an den Rändern zerfransenden Bilder – die Mutter als das Helle, Weiche, als das warme Wesen, das ihn durchs Zimmer zur weißen Alabastervase hinübertrug; das Wesen, das, ihn küssend und ein Liedchen summend, sich mit ihm auf dem Arm auf der Terrasse um sich selber drehte; die Frau, die ihn, den noch nicht Zweijährigen, oben in der Wiese durch die Blüten trug; die ihn plötzlich, auf den Ruf von Gret hin, ins Gras setzte und davonlief. Oder wie sie von der Galerie herunter in die Halle kommt, ja geradezu schreitet, im langen Kleid aus blauer Glasbatikspitze, mit dem großen Bubenkragen, mit der Atlasschärpe und der kleinen Garnitur blauer Blümchen im Haar. Ihr Lächeln, und wie sie strahlt: bin ich nicht schön? Und wie sie sich ihren Biberschwanzpelz um die Schultern legte und, gedrängt von Vater im strengen Diplomat, vor ihm her durch die Außentür in der Dämmerung dort draußen verschwand. Oder wieder kam sie aus der Halle die Treppe herauf, und der Vater und Sepp und er, Thom, verschanzt hinter der Barrikade und dem Galeriegeländer, schauten ihr, machtlos gegen dieses entschlossene Gesicht und ihre aufgerichtete Gestalt, entgegen.

Thom nahm das blau gebundene Heft vom Schrankbrett neben der Madonna, und während er sich seitlich so aufs Bett legte, daß er, auf den Ellbogen gestützt, im Heft lesen konnte, kamen ihm diese Bilder seiner Mutter vor wie winzige, wirr durcheinander montierte Szenen eines schlecht belichteten Films, die da in seinem Hirn aufblitzten, kurz leuchteten, sich ineinander verschoben, verschwanden. Welche Farbe hatten die Augen der Mutter gehabt? Grünblau? Blaubraun? Nicht einmal das hätte er zu sagen gewußt.

Liegend auf dem Bett, das eine Knie angewinkelt, schlug er das Heft auf. Unverkennbar Grets Schrift, die einzelnen Sätze, auch ganze Abschnitte mit Kugelschreiber, dann wieder mit Bleistift hingekritzelt, einzelne Worte unterstrichen. Als Titel stand über der ersten Seite nichts weiter als das Wort „Notizen“. Gleich darunter: „Der überschwengliche Madonnenkult unserer Mutter war vor allem ein geradezu inbrünstiger Reinheitskult“. Das Wort „Reinheit“ war zweimal unterstrichen.

„Mutter muß eine panische Angst vor allem Triebhaften, vor allem Sexuellen gehabt haben.“

„Jammers, 12. April 1976. Heute Besuch meiner Freundin Margot Keller. Margot erzählt, daß sie mit einer Theologin zusammen Marienbilder untersucht auf den Zusammenhang hin zwischen der Madonna und der Muttergöttin, die, unter wechselnden Namen, in allen matriarchalen Kulturen die Urmutter war – die Göttin, die zuerst war und aus sich heraus alle anderen Gottheiten und schließlich auch die Menschen gebar. Sie heiße Inana bei den Sumerern, Ishatar bei den Babyloniern, Isis und Nut bei den Ägyptern. Bei den Griechen war sie Demeter oder Gaia.“

Im nächsten Abschnitt hatte Gret notiert, wie sie ihrer Freundin Margot Mutters Madonnenfigur gezeigt habe. Margot war begeistert. Noch in dieser versüßten Darstellung aus dem religiösen Geist des neunzehnten Jahrhunderts – es handle sich um eine Nachbildung von Dürers „Marienleben" – sei das Attribut der uralten Göttin vorhanden, nämlich der Mond, genauer: die Mondin. Überall in der Mariendarstellung durch die Jahrhunderte tauche diese Verbindung von Madonna und Mondin auf, ebenso wie die Muttergottheiten und die Mondin im alten Glauben aufs engste zusammengehörten – die Mondin, die für Zeugung, für Fruchtbarkeit, für Vergehen und wieder neues Leben stehe.

Thom überlas den Abschnitt nochmals. Merkwürdig. Er blätterte, verglich die Daten. Offensichtlich hatte es, in der Mitte der siebziger Jahre, eine Zeit gegeben, da Gret intensiv versucht hatte, sich mit der längst gestorbenen Mutter auseinanderzusetzen. Hatte Thom überhaupt das Recht, die Notizen zu lesen? Ob er Gret fragen sollte? Er blätterte. Nach etwa zwölf Seiten brachen die Notizen ab, der Rest des Hefts war leer geblieben. Die letzte Eintragung lautete: 19. September 1977.

Im Zurückblättern fiel sein Blick auf die unterstrichene Frage: „Hat meine Mutter den möglichen Zusammenhang zwischen ihrer unbefleckten Jungfrau Maria und der Erdgöttin Gaia geahnt? Margot hat mir heute neucs Material geschickt. Spannend. Wieder ist darin vom Weiterwirken, dem geheimen, der matriarchalen Welterfahrung in der christlichen Kultur die Rede, unbewußt lebe sie in der Madonnenverehrung weiter. Margot nennt Maria eine ‚von der patriarchalen Kirche als Ersatz angebotene, heruntergekommene, erdfern gewordene Göttin'. Dennoch, in diesem Bild lebe die Tradition ursprünglicher Macht der Frau in der Welt fort. Hat Mutter sich von der Madonna, neben dem Beistand in ihrem Kämpfen gegen die Lust und alles

Unreine, gleichzeitig auch die uralte Kraft ‚zurückerbeten' wollen – jene Kraft, die sie suchte, um ihren Mann und ihren Klan unter ihren Einfluß zu bringen? Hat sie tatsächlich versucht, selbst die Eisenwerke ihrer Macht zu unterwerfen? Was für ein merkwürdiger Frauenwunsch! Rache einer Frau im Patriarchat? Spürte sie, daß solche Macht ihr ermöglichen könnte, aus dem Gefängnis der Kultur des weißen Mannes auszubrechen? Ach, was weiß ich von ihr? Seit fünfzehn Jahren ist sie tot. Ich werde es nie erfahren. Das Schlimmste: Ich merke, wie ich, je länger, desto weniger unterscheiden kann zwischen dem, was ich selber mit ihr erfahren, und dem, was ich durch die anderen Leute – vor allem durch Tante Esther – gehört habe. Was geschah damals, 1953, wirklich, in jener Augustnacht im Badezimmer, nach Vaters Sturz und seinem Schenkelbruch?

Längst will niemand im Haus sich mehr daran erinnern – ja, außer Tante Esther mit ihrem bösen Mundwerk. Wie, wenn es anders gewesen wäre? Dann hätte, auch was neun Jahre später an Mutters Krankenbett passierte, seine Rechtfertigung verloren? Alles umsonst? Nein, ich darf daran gar nicht denken!"

Thom legte sich auf den Rücken. Die Hände im Nacken gefaltet, schaute er in den Leuchter über sich. In den zerrissenen Glasperlen spielte das Licht der schwachen Glühbirne, die über und zwischen ihnen hing.

Hier, in diesem Bett, hatte Mutter, schon krank auf den Tod, gelegen, so wie er jetzt dalag. Auf der linken Seite des Betts saß Gret, hier, Thom hätte mit der ausgestreckten Hand die Wange seiner Schwester berühren können, wenn er daran dachte, wie Gret der Mutter liebevoll zuredete, einen Schluck Tee zu trinken: das beruhigt, du mußt doch schlafen. Rechts sah Thom sich selber, wie er den Schemel herangezogen und sich Gret gegenüber ans Krankenbett gesetzt hatte – für die Dauer eines Lidschlags sah er sich, sich selbst, todkrank daliegen, mit einem furchtbar bleich, ja spitz gewordenen Gesicht, mit ihrem Gesicht, worin sich die Augen, eingefallen, bewegten, nur noch sie, um zu sehen, wer ihr oder also ihm da jetzt noch Gesellschaft leistete, wo sie oder er doch wußte, die hereinkommende Nacht würde wohl nun die letzte sein. O Maria, hilf uns allen. Kaum zu verstehen das Flüstern, die Lippen bewegten sich nicht.

War nicht noch jemand hier im Zimmer der sich dem Sterben zuwendenden Mutter gewesen? Für einen Augenblick roch Thom den Geruch der ausgeblasenen Kerzen vom kleinen Hausaltar her mit der Madonna in der Ecke drüben. Er hatte dagesessen – wie war das gewesen? – da rechts neben Mutters Bett, ihm gegenüber Gret, wie sie, sich halb erhebend, versuchte, indem sie den rechten Arm unter das Kopfkissen schob und es behutsam hob, das zweite Kissen darunterzuschieben. Thom stand auf, und um Gret beim Auswechseln der Kissen zu helfen, beugte er sich über Mutters Gesicht und hob ihren Kopf, ihn mit beiden Händen hinter den Ohren sorgfältig fassend, leicht an. Dabei schauten die beiden glänzenden Augen der Schwerkranken starr zu ihm herauf. Was war in diesem Blick gewesen? Angst, Vorwurf, oder welche Frage?

Aber also da drüben, halb im Dunkeln, da rechts neben der Tür und schräg zum Schreibtisch – ja, jetzt wußte er wieder: da hatte Tante Esther in ihrem Rollstuhl gesessen und hatte zugeschaut, wortlos, ohne sich zu rühren. Sie war dagewesen, hatte jede Bewegung beobachtet, jeden Atemzug registriert, so als warte sie nur noch darauf, daß das Atmen ausbliebe.

Ja und sonst? War noch jemand dagewesen? Er war dann hinübergegangen in sein Zimmer. Hatte er zu schlafen versucht? Wieder hatte er Charlott gegenwärtig, wie sie unter der Tür zu seinem Zimmer stand, sie und ihre Flüsterstimme: Sie sei ja schon tot.

Jammers, 29. 6. 1982

Liebe Lis,

seit ich diese Anrede schrieb, sind fünf Minuten vergangen. Ich wollte nicht mit der Klage darüber beginnen, daß heute Dein Brief nicht gekommen ist. So saß ich da, suchte nach einem ersten Satz; er sollte Dir nichts weiter als das Glücksgefühl übermitteln, das ich spüre, wenn ich, auch tagsüber, an Dich denke.

Etwas Furchtbares, etwas ganz und gar Lächerliches ist in der Zwischenzeit geschehen. Du siehst meinen Buchstaben an, noch zittere ich ein wenig. Eine mir noch immer unverständliche Wut packte mich. Noch eben war ich ruhig; noch freute ich mich auf dieses zwar reichlich monologische Gespräch mit Dir, noch suchte ich den Einstieg: da fiel die Madonnastatue meiner Mutter mir ein, die ich heute gegen Abend im Schrank da drüben, neben dem Bett, wiederentdeckt hatte. Sie hatte mich – wie ja allmählich alles hier im Haus – an meine Kinderjahre erinnert: an die ungezählten Nachtgebete, die ich mit Mutter und meinen Schwestern vor ihr verrichten mußte. Jetzt also, wie ich mit diesem Brief beginnen wollte, spürte ich plötzlich ihre Gegenwart. Halte mich bitte nicht für verrückt, aber geradezu körperlich spürte ich, sie war da, gleich da drüben hinter der Schranktür, und sie bewirkte allein durch diese Existenz, daß ich, wie ich so saß, geradezu überfallen und überschwemmt wurde von allen diesen Gerüchen und Bilderfetzen und Wortfetzen, von den Gestalten aus der alten Zeit, der Gestalt der Mutter vor allem, von den widersprüchlichen Empfindungen, die sie, Mutter und alle die anderen, in mir auslösen.

Lis, versteh bitte: Schon vorgestern, schon gestern, und wieder heute, immerzu und anscheinend zunehmend gerate ich hier in ihren Strudel, oder soll ich sagen: in dieses Chaos von Bruchstücken aus einer Erinnerungsmaschine, die ich anscheinend selbst jetzt in mir nicht abstellen kann, wo ich mit Dir reden will. Jedenfalls, nach einigen erfolglosen Versuchen, mich auf den Brief zu konzentrieren, stand ich, noch immer kaum mehr als verärgert, auf, ging zum Schrank – übrigens nicht, ohne das ein wenig Kindische meines Tuns wahrzunehmen – und nahm die dreißig Zentimeter hohe Gipsmadonna mit Kind und messingenem Strahlenkranz heraus, trug sie in die Galerie da draußen, in der Absicht, sie auf die hohe Kredenz zu stellen. Noch im Gehen, und noch bevor ich die Kredenz erreicht hatte, brach die Wut in mir auf. Mit drei Schritten war ich an der Brüstung der Galerie. Ich hob die Madonna mit beiden Händen über den Kopf, und – vielleicht lachst du, vielleicht erschrickst du – ich schmetterte sie über die Brüstung in die Halle. Auf den Steinfliesen da unten im Dunkeln zerschellte sie. Schwer atmend kehrte ich hier an den Schreibtisch zurück. Und will im Augenblick auch gar nicht ergründen, was da mit mir geschehen ist ...

Statt eines Nachwortes

Dorothee Sölle

Maria ist eine Sympathisantin

Maria – das erste Bild, das ich vor mir sehe, ist das Gipswesen aus der Grotte von Lourdes, niedergeschlagene Augen, den Körper bis zur Unkenntlichkeit verhüllt: Entsexualisierung plus Demut, das weibliche Ideal. Ein Symbol, geschaffen, den Unterdrückten die Selbstunterdrückung beizubringen, den Verunsicherten die Selbstzensur, den doppelt Ausgebeuteten die Selbstausbeutung.

Das funktioniert am glattesten, indem man das Idol scheinbar erhebt und erhöht, es auf einen Sockel (den Piedestal) setzt und verklärt. So wie zur Unterdrückung der Schwarzen das Bild eines treuherzig-aufopferungsbereiten Onkel Tom gehörte, so gehörte zu der Frau das Bild einer verklärten, erhabenen Maria. Sie thront über uns. Sie ist rein, wir sind schmutzig. Sie ist entsexualisiert, wir haben sexuelle Probleme und Bedürfnisse. Wir können sie nie erreichen und sollen deswegen Schuld und Schamgefühle empfinden. Das wiederum macht demütig.

Maria unterwarf sich freiwillig. „Mir geschehe, wie du gesagt hast", ist ihre Antwort zur ungewollten Schwangerschaft (Lukas 1,37). Sie sagt „ja" zu Entbehrungen und Schmerzen, sie dient, ohne zu murren, sie hat keinen Eigenwillen, ist die Magd des Herren. Und wenn wir schon nicht „rein" sein können wie sie, so können wir uns zumindest unterwerfen wie sie.

Piedestalismus ist eine Herrschaftsstrategie: verklären, erhöhen, preisen, um demütigen, einengen, verhindern zu können. Zu dieser Madonna gehört notwendig die Hure. „Finalmente siamo donne, non piu putane, non piu madonne!" (Wir sind Frauen und keine Huren oder Madonnen!) – so lautet eine der Parolen der italienischen Frauenbewegung, und es ist kein Zufall, daß sich gerade die Feministinnen eines katholischen Landes am entschiedensten gegen die Irrsinnsalternative „Hure oder Heilige" wehren. Aber ist Maria wirklich dieses Gipswesen, das Mädchen aus Nazareth mit dem unehelichen Sohn, der später als Revolutionär hingerichtet wird? War es diese Maria, die dem Bauernmädchen Jeanne d'Arc erschien und ihr das Männlichste anvertraute, was Männer besitzen, das Schwert?

Ist Unterwerfung das wirkliche Leitmotiv jenes Liedes, mit dem Maria in der Bibel ihre Schwangerschaft besingt? Es ist ein Lied, das an Deutlichkeit nichts zu wünschen übrig läßt über die Einteilung in unten und oben, in arm und reich; über die ohnmächtige Beziehung der Besitzlosen – die eben weil sie besitzlos, auch rechtlos sind – zu den Mächten.

„Da sang Maria ein Lied. Meine Seele erhebt den Herren, und mein Geist freut sich über den Gott, der mir hilft ... Er hat Macht geübt mit seinem Arme, er hat zerstreut, die hochmütig sind in ihres Herzens Sinn. Gewaltige hat er vom Thron gestürzt und Niedrige erhöht. Hungrige hat er mit Gütern gefüllt und die Reichen leer davongeschickt ..." (Lukas 1,46f.)

Die Menschen, die sich an Maria wandten, Frauen zumal, haben zu verschiedenen Zeiten sehr verschiedene Dinge gedacht, gewünscht und gehofft. Die Entsexualisierung, an deren Ende jenes brust- und blutlose Edelwesen steht, ist Folge einer Entwicklung, die in der Kunstgeschichte mit der Renaissance beginnt und im 19. Jahrhundert ihren Höhepunkt findet. Es ist also die Epoche des Bürgertums und es ist die Theologie einer bestimmten Klasse, die hinter diesem Bild der Maria steht.

Im Mittelalter zum Beispiel hat man Maria sinnlicher und heiterer dargestellt, beim Stillen mit entblößter und schön gespitzter Brust, beim Windeln und Tändeln mit dem Kind; auch im Schmerz, schreiend oder wie versteinert, neben dem zu Tode Gefolterten. Es gibt Bilder, die Marias Abschied von ihrem Sohn, der in die Welt zieht, darstellen. Sie weiß vielleicht genauer als er, was bevorsteht. (Mein Gott, ich wünschte, meine Beziehung zu meinem Sohn hätte so viel von dem, was wir „herrschaftsfreie Kommunikation" nennen, so viel Wärme, Wissen voneinander, Nähe, Schmerz, Vertrauen!) Es gibt neben der submissiven noch ganz andere Marien: vor allem natürlich die große Mutter, die tröstet und schützt. Die katholische Tradition hatte ihr die in der Bibel erwähnten übrigen Kinder genommen, aber die Bedürfnisse und Phantasien der Völker haben ihr diese Kinder zurückgegeben, sie ihr unter den Mantel geschoben. Sie suchen Schutz gegen Hagel und Sturm, Pest und Krieg.

Schon recht früh war Maria nicht nur Helferin gegen die gewalttätige Natur, sondern schützte auch vor der gewalttätigen Gesellschaft. Sie verkörperte nicht „Gerechtigkeit", wie wir sie heute verstehen und praktizieren, das heißt: sie vergilt nicht nach dem Motto „Jedem das Seine", womit sie die Chancenungleichheit unangetastet lassen würde. Nein, Maria verkörpert das, was man gemeinhin „Barmherzigkeit" nennt – ein Wort, für das ich mich fast geniere, aber ich weiß kein deutlicheres. Anders gesagt: Maria lehnt das Leistungsprinzip ab: Nicht weil du schön, klug, erfolgreich, musikalisch, potent oder was immer bist, stehe ich zu dir, sondern – ohne Bedingungen. Ich stehe zu dir, weil du da bist, weil du mich brauchst. Es ist die Bedingungslosigkeit einer Mutter, die ihr Kind nicht im Laden umtauschen kann, wenn es nicht paßt. Werfen wir die Sentimentalität aus der Barmherzigkeit heraus, so kommt die ursprüngliche Amoralität der Sache wieder zum Vorschein. Und eben dazu hat die Maria der Legenden und Volkserzählungen eine fatale Neigung.

In Liturgie, Dogmenbildung und der klerikal beeinflußten Literatur war Maria bis ins Hochmittelalter hinein nicht sonderlich beliebt. Sie gehörte den Armen, den Ungelehrten, den Bettelmönchen, dem Volk. Die „Madonna der Spitzbuben" hat man sie genannt, also die Madonna des verarmten Landproletariats, das mit den sich ständig verschärfenden Gesetzen, die das Eigentum definierten, in Konflikt geraten mußte. Eine polnische Legende erzählt von einem Räuber, der die Maria anruft, ehe sie ihm den Strick um den Hals legen. Sie eilt herbei, stellt sich unter den Galgen und stützt die Füße des Gehenkten, drei Tage und drei Nächte. Dann wird er, vermeintlich tot, abgeschnitten und läuft mit Dank an die Jungfrau davon. Diebe und Räuber, der Klosterzucht entlaufene Mönche und Nonnen sind die Helden solcher Legenden, die, die gegen law and order, gegen das männliche Herrschafts- und Ordnungsdenken sind. Da ist eine Äbtissin „gefallen" und bringt ein Kind zur Welt: Maria hilft als Hebamme aus. Eine Nonne ist dem Kloster entlaufen: Maria vertritt sie jahrelang im klösterlichen Gebetsdienst.

Bei solch subversiven Unternehmungen konnte es nicht ausbleiben, daß Maria in religiösen Konflikt geriet mit Gottvater und Christus. Maria unterläuft die Einteilung der Menschen in Schafe und Böcke. Dieser anarchistische Zug der Maria hat sich nie ganz ausrotten lassen. Befremdeter Kommentar eines protestantischen Lexikons: „Es herrscht eine eigenartige Moral in diesen Erzählungen" (RGG, 1927[2]).

So ist die Gestalt der Maria ebenso doppeldeutig wie alle religiösen Inhalte und Symbole. Sie funktioniert im Interesse religiös verklärter Unterwerfung, aber auch im Interesse von Trost, Schutz und Rettung der Opfer. Maria ist submissiv, ist unterwürfig. Aber sie ist auch subversiv in dem Sinn, wie die lateinamerikanische Polizei das Wort benutzt: Sie zersetzt die Macht der Herrschenden. Im neuesten Vokabular der Bundesrepublik unserer Tage würde man sagen: Maria ist eine Sympathisantin.

Die kleine Madonna, die einst das Lied von der Befreiung gesungen hat, ist nicht aus Gips und Plastik. Sie ist sehr lebendig. Lebendig in der Geschichte aller Unterdrückten, lebendig in der Geschichte der Frauen. Nur weil die Geschichte von den Siegern geschrieben worden ist, wissen wir so wenig über die Träume, die Bilder, die Geschichten derer, die Widerstand leisteten und kämpften.

In Lateinamerika reitet die „madonna leone" nackt auf einem Löwen, mehr Hexe als Heilige, jedenfalls für unser gezähmtes und korrumpiertes Verständnis von Religion. Im späten Mittelalter haben sich aufständische Bauern, die das Land denen, die es bebauen, zurückgeben wollten, unter dem Schutzbild der Maria gesammelt.

Damit komme ich an ein neues, besseres Bild von dem Mädchen Maria: frech wie die Johanna von Orleans, die es wagte, einem Erzbischof ins Gesicht zu sagen, das gerade Gesagte sei „selbst für ihn eine ungewöhnlich dumme Bemerkung" gewesen. In diesem Licht ist Maria nicht mehr nur die gezähmte Frau, sondern auch das aufrührerische Mädchen. In ihr vereinigen sich Militanz und Barmherzigkeit und werden zu einem Bild der Hoffnung für die um ihr Leben Betrogenen.

Gleichzeitig aber war sie immer auch ein repressives Vorbild, das bewußt eingesetzt wurde, um die Frauen gedemütigt und geduckt zu halten. Darum liegt es gerade im katholischen Kulturkreis nahe, eine so doppeldeutige Gestalt aufzugeben und zu vergessen.

Ich persönlich jedoch bin ziemlich skeptisch gegen jede Art von Wegwerfgesellschaft. Ich traue auch einer angeblich bilder- und mythenfreien Existenz nicht. Es hat sich herausgestellt, daß da, wo die alten Bilder abgeschafft wurden, neue ihren Platz einnahmen, die in nichts aufklärerischer sind: Wo früher die unbefleckte Madonna in der Nische stand, macht sich jetzt Frau Saubermann breit – beide Ideologien zwingen Frauen eine Rolle auf, die sie schwächt und verkrüppelt.

Ich bin – wie viele Christen in den Befreiungsbewegungen – nicht bereit, Maria den anderen zu überlassen. Mir scheint der Ratschlag, Maria und die Religion so schnell wie möglich zu vergessen, zu rasch und zu simpel. Auch heutige Befreiungsbewegungen brauchen Schutz- und Vorbilder, brauchen Wurzeln in der Geschichte. Mit der bloßen Abschaffung der Lourdes-Madonna ist darum noch nichts getan.

Es fällt mir schwer, die Millionen Frauen vor mir, die Maria geliebt haben, für nur blind oder betrogen zu halten. Da muß auch Widerstand gewesen sein. Widerstand, aus dem wir lernen können.

Quellenverzeichnis

Literaturwissenschaftliche und theologische Grundlage für das hier vorgelegte Lesebuch ist meine umfassende Studie: „Maria in der deutschen Literatur des 20. Jahrhunderts", in: Handbuch der Marienkunde, hrsg. v. W. Beinert und H. Petri, Regensburg 1984 S. 664–718. Vgl. ebenso meinen Essay: „Mater dolorosa – Maria als Befreiungsfigur in der Literatur des 20. Jahrhunderts", in: Was geht uns Maria an? hrsg. v. E. Moltmann-Wendel, H. Küng, J. Moltmann, Gütersloh 1988, S. 161–183

Die Bilderfülle des Mittelalters
Die Texte dieses Abschnittes sowie kommentierende Erläuterungen zu den Texten stammen aus: Deutsche Mariendichtung aus neun Jahrhunderten, hrsg. und erläutert von E. Haufe, Berlin 1960 (Unionverlag).

Die romantische Sehnsucht
J. W. v. Goethe, Ach neige, du Schmerzenreiche in: ders., Faust. Der Tragödie erster und zweiter Teil, kommentiert von E. Trunz, Hamburg 1963 (VV 3588–3619).
F. Hölderlin, An die Madonna, in: ders., Werke und Briefe Bd. I, hrsg. v. W. Beissner und J. Schmidt, Frankfurt 1966, S. 208–212 (Verlag Insel).
F. v. Hardenberg (Novalis), Geistliche Lieder (Nr. 12 u. 13), in: Novalis Werke, hrsg. und kommentiert von G. Schulz, München 1969, 3. Aufl. 1987, S. 71–73 (Verlag C. H. Beck)
J. v. Eichendorff, Mariä Sehnsucht/Kirchenlied, in: Neue Gesamtausgabe der Werke und Schriften Bd. I, hrsg. v. G. Baumann, Stuttgart 1958, 3. Aufl. 1978, S. 273/282f.
H. Heine, Die Wallfahrt nach Kevlaar, in: Sämtliche Schriften Bd. I, hrsg. v. K. Briegleb, München 1976, S. 163–165 (Verlag Hanser).

Die ästhetische Verwandlung
S. George, Sporenwache / Das Bild, in: ders., Werke. Ausgabe in vier Bänden, Bd. I, München 1983, S. 84f/93 (Deutscher Taschenbuchverlag).
R. M. Rilke, Die Marien-Prozession / Vor der Passion / Pieta, in: Sämtliche Werke Bd. II, S. 536–538/676f. (Insel Verlag).

Die politische Herausforderung
E. Toller, Die Mauer der Erschossenen, in: ders., Ges. Werke Bd. II, hrsg. v. J. M. Spalek und W. Frühwald, München 1978, S. 314 (Verlag Hanser).
B. Brecht, Maria, in: ders., Gesammelte Werke Bd. VIII, Frankfurt 1967, S. 122 (Verlag Suhrkamp).
K. Marti, Und Maria, in: ders., Abendland. Gedichte, Darmstadt 1981, S. 41–44 (Verlag Luchterhand).

Magna Mater: Mythisch-Psychologische Tiefenstrukturen
H. Hesse, Madonnenfest im Tessin, in: ders., Gesammelte Werke Bd. VI.,

Frankfurt 1970, S. 332–337; ders., Narziß und Goldmund, in: Gesammelte Werke Bd. VIII, Frankfurt 1970, S. 177 f/184–189 (Verlag Suhrkamp).
A. Döblin, Die Flucht aus dem Himmel, in: Die Ermordung einer Butterblume und andere Erzählungen, München 1965, S. 40–44 (Verlag Walter, Olten und Freiburg i. Br.).
H. Böll, Köln 1, in: ders., Werke Bd. VI, hrsg. v. B. Balzer, Köln 1978, S. 23 (Verlag Kiepenheuer und Witsch).
M. Hannsmann, Madonna der Gmünder Johanniskirche, in: dies., Das andere Ufer vor Augen, Hamburg – Düsseldorf 1972 (Verlag Claassen).
G. Fussenengger, Mondherrin mit dem Kind, in: dies., Widerstand gegen Wetterhähne. Lyrische Kürzel und andere Texte, Stuttgart 1974, S. 77 (Deutsche Verlags-Anstalt).
L. Rinser, Und die Madonna? in: dies., Winterfrühling (1979–1982), Frankfurt 1982, S. 226–232 (Verlag Fischer).

Ohnmacht und Macht zugleich
G. v. Le Fort, Die Magdeburgische Hochzeit. Roman, Frankfurt 1973, S. 226–234 (Verlag Insel).
H. Böll, Kerzen für Maria, in: ders., Wanderer kommst du nach Spa... Erzählungen, München 1967, S. 150–160 (Deutscher Taschenbuch Verlag).
W. Borchert, Die drei dunklen Könige, in: Das Gesamtwerk, Hamburg 1949, S. 185–187 (Verlag Rowohlt).

Störungen – Verstörungen
R. M. Rilke, Alle in Einer, in: Sämtl. Werke Bd. VII, S. 77–89 (Verlag Insel).
G. Trakl, Blutschuld, in: ders., Dichtungen und Briefe, hrsg. v. W. Killy u. H. Szklenar, Salzburg 1970, S. 146 (Verlag Otto Müller).
K. Tucholsky, Ein Pyrenäenbuch, in: ders., Gesammelte Werke Bd. V., hrsg. v. M. Gerold-Tucholsky u. F. J. Raddatz, Hamburg 1975, S. 56–64 / 87–89 (Verlag Rowohlt).
O. F. Walter, Zeit des Fasans. Roman, Hamburg 1988, S. 250–257 /271–273 (Verlag Rowohlt).

Statt eines Nachworts
D. Sölle, Maria ist eine Sympathisantin, in: dies., Sympathie. Theologisch-Politische Traktate, Stuttgart 1978, S. 56–61 (Verlag Kreuz).